**American Chinatown**

*A People's History of Five Neighborhoods*

# 唐人街五城记

［美］徐灵凤 著　邢逸帆 译

U0126718

文化发展出版社
**Cultural Development Press**

·北京·

AMERICAN CHINATOWN: A People's History of Five Neighborhoods
Copyright © 2009 by Bonnie Tsui. Published by Free Press.
Simplified Chinese Copyright©2023 by Cultural Development Press Co., Ltd.
All Rights Reserved.

**图书在版编目（CIP）数据**

唐人街五城记 ／（美）徐灵凤著；邢逸帆译 . — 北京：文化发展
出版社，2023.9
　ISBN 978-7-5142-3665-1

　Ⅰ . ①唐… Ⅱ . ①徐… ②邢… Ⅲ . ①华人社会－研究－
美国 Ⅳ . ① D634.371.2

中国版本图书馆 CIP 数据核字 (2023) 第 075642 号

著作权合同登记号：01-2023-1774

# 唐人街五城记

著　者：[ 美 ] 徐灵凤
译　者：邢逸帆

出 版 人：宋　娜
策划编辑：冯语嫣　　　　　责任编辑：冯语嫣
责任校对：侯　娜　　　　　封面设计：郭　阳
责任印制：杨　骏
出版发行：文化发展出版社（北京市翠微路 2 号 邮编：100036）
发行电话：010- 88275993　010- 88275711
网　　址：www.wenhuafazhan.com
经　　销：全国新华书店
印　　刷：嘉业印刷（天津）有限公司

开　　本：880mm×1230mm　1/32
字　　数：192 千字
印　　张：10
版　　次：2023 年 9 月第 1 版
印　　次：2023 年 9 月第 1 次印刷

定　　价：89.00 元
ＩＳＢＮ：978-7-5142-3665-1

◆　如有印装质量问题，请与我社印制部联系　电话：010-88275720

献给我的外公外婆，

曾瑞年，曾秀叶

是你们在纽约唐人街开启了这段故事

# 前　言
## 我的故事

有的人到了一个新城市会先打开行李箱，但我做的第一件事是找当地的唐人街。

这种习惯可能是从我外公外婆那一辈开始的。1960年，他们跨越半个地球，从中国香港来到曼哈顿唐人街。他们后来搬去了皇后区的法拉盛华埠，但就像钟表指针转着圈走一样，他们还是经常回到曼哈顿老街坊。每天早上，他们都坐Q26路公交，再换乘地铁七号线转六号线到运河街。我外公在街上一家幸运饼干厂①工作，外

———————————

① 美国中餐厅常有的一种小饼干，掰开后里面会藏着一张写着吉利话的小字条。——译者注

婆在附近当裁缝。每天晚上，他们都带着在相熟的老板那儿买好的菜回家。

我想象着他们每天从皇后区到曼哈顿下城的通勤路线，这条路线在纽约市公交图上清晰可见。当我来到这里，我深深感到自己是在循着他们的脚步前行。

1977年，纽约，我出生在法拉盛。我的第一个家是一间昏暗狭小的公寓，天花板漏水，我哥哥总是小心翼翼地拉我避开滴水的地方。也正是从那个时候起，20世纪70年代末经济大萧条之下的法拉盛开始逐渐从意大利希腊移民区变成今天的华埠。我没有机会跟法拉盛建立更多的感情，在我和哥哥上小学之前，爸妈就带我们搬去了长岛，公立学校教学质量好是那边的一大卖点。但长岛不是让我们成为中国人的地方——曼哈顿唐人街才是。

我和唐人街的故事就是从这里开始的，我们在这里吃婚礼喜酒，受洗礼，买杂货，跟大家族里的姨姨、堂兄弟、舅公，还有爸妈的朋友们一起过日子。不管有没有血缘关系，这里人人都是我亲戚。

小时候我不喜欢去唐人街。从小孩的身高看过去，唐人街不好的一面都被放大了：街上污水横流，下水道里扔着外卖盒子，人群推推搡搡。但在小孩眼里，唐人街也有独特的吸引力。我们这帮孩子聚在一起，在黑黑的臭水坑上跳来跳去，盯着路边的陌生人看，对香港进口的龙虾缸子和养小乌龟的池子指指戳戳。我们挤在小店走道里，在老板娘的眼皮底下打开一桶一桶李子蜜饯和陈皮。尽管我们不让人省心，但当我们从橱窗边溜过时，店主们还是会大声招呼我们来尝一口。

我童年记忆中的唐人街跟罗曼·波兰斯基的同名黑色电影①《唐人街》里拍的差不多。但那时我完全不知道导演的来头，也没想到他创造的经典范式"忘了吧，杰克……这里是唐人街"将会主导美国电影业几十年。但我并不真正属于唐人街——毕竟我半只脚踏在20世纪80年代初的长岛郊区，那里几乎全是白人。唐人街有很多不同之处：点心店里卖的鸡爪；对外人来说有点儿唐突的行为方式；同一个屋檐下住着一大家子人，互相插手对方的生活；大家说话时一个比一个声音大。

这些细节上的不同反映了想法、价值观的不同：不管菜用什么餐具装，有什么彩头——比如为了吉利把鸡爪叫"凤爪"——吃东西就是为了口味和口感，好吃就行，没有那种"食物分脏净"的矫情；嫌贫爱富眼睛长在头顶上的不是真贵族，有文化底蕴才是真高贵；一家人聚在一起才能保护你免受外人的误解和偏见，你知道你

---

① 黑色电影（法语：Film noir）多指 20 世纪四五十年代的好莱坞侦探片，善恶划分不明确，风格晦暗。——译者注

永远不孤独，永远有依靠；最后，如果声音不够大，没人会听你在说什么。"大声D！"——把声音提高点儿——我妈妈这么告诉我，推着我走向世界。

我毕业后的第一份工作离唐人街不远，每天中午我都能步行去那儿吃饭。走向唐人街的时候，我心里有种复杂的情绪。我是自己主动来的，不是被家人使唤来办事应酬的，我感觉自己毫不起眼，几乎隐形，还有点紧张。我必须要说粤语，我显得笨嘴拙舌，词不达意。街道还是脏兮兮的，人们仍然又吵又挤，但我喜欢这种感觉。唐人街的历史比我本身更广阔，我的同胞的故事也是我的故事，让我在这座城市找到立身之处。我和唐人街的羁绊远比工作和地缘之外深刻。

几年后，我搬去了曼哈顿东村，离唐人街只有几步之遥。我努力在日常生活中融入唐人街，甚至一周去几次格兰街，跟着一位姓温的老教师学习职场中文（我家里没有这种语境），持续了一两年。我跟杂志社的总编说，学中文是为了我的旅行和写作，他同意了，包了中文课的学费。

小时候，我爸妈的朋友会把孩子送到中文学校，也就是开在唐人街的周末补习班，教小孩讲中文、做传统手工、唱中文歌。尽管这是个排斥异己的社会，但中国家长们还是坚持做这种"留住中国根"的努力。不知为何我爸妈没送我去中文学校，小时候我一度很乐得偷懒。但如今我主动想学中文，发现已经很难学会了。下班之后我步履沉重地爬上格兰街的地铁阶梯去找温老师，上我的成人版中文学校。

　　温老师风趣幽默，但脾气不好，他在一家名叫"沃思"（Wossing）的小型中文学校当粤语主讲，也兼任普通话老师。现在的孩子都学普通话，但我属于中间世代，出生在最后一波广东移民潮之后，还能说点儿粤语。上课的小教室在中文学校旧办公楼三层，温老师和我坐在里面对话，更确切地说，我坐着，温老师站着，哪怕学生只有我一个。温老师天分很高——当初他毕业之后是要做教授的——但是不修边幅。炎热的夏天晚上，他的汗从系扣衬衫里渗出，灰色的头发一缕一缕粘在前额上。他跟我外公年纪差不多，和我外公一样来自广东台山。19世纪到20世纪间，唐人街的大多数中国移民都是从广东省的珠江三角洲来的，今天，珠三角已经是一个包含香港、澳门在内的制造业中心了。在世界的另一端，他们建立了自己的社区，之后又有更多的同胞加入进来，抱团寻求安全感。他们是那个时代的弄潮儿。

　　温老师和我的公公（也就是我外祖父）毫无相似之处，但我总是把他俩联系在一起。公公安静朴素，温老师比他话多得多。我爸总叫公公"透明人"，因为他皮肤苍白，纤细的蓝色血管密布其下。但爸爸指的也可能是公公给我们留下的印象：没有存在感，模糊不清，难以琢磨。我总是不知道他在想些什么。

也许这就是我喜欢温老师的原因，温老师和我公公恰恰相反，雄辩是他的天赋。上课的时候，他试图再进一步，教我写汉字。"你为什么不想学汉字？"他一边问我，一边在黑板上写写画画，"学了汉字，你就更容易学新词了。""我年纪太大学不会了。"我答道。我只想多做口语练习，让我的嘴听话点儿，学一些和旅行相关的中文词，这样我在准备唐人街主题的新书时就可以用中文做采访了。温老师的教学法跟我认识的其他语言老师都不一样，比较迂回随性，话题五花八门，从酒店机场到城市职业无所不包。他经常聊一些和我想学的东西八竿子打不着的话题——从他突然想到的知识点到他觉得我应该了解的事，不一而足。

尽管不舍得，但我终于要离开纽约到美国各地旅居，体验不同的工作生活节奏。当我来到美国最早的旧金山唐人街，却惊讶地发现这里很陌生。我第一次去的时候是在中午，唐人街的主干道空空荡荡，商店冷冷清清，想吃一笼包子来救救我的老命，却发现一个包子店都没有。几位中国阿婆从我身边走过，我却听到她们在说英语，是土生土长的美国腔，一点儿中国口音都没有。

我不禁疑惑：是什么造就了唐人街？

2003年，我在旧金山目睹了一桩稀罕事。那天在去吃晚饭的路上，我听见了熟悉的消防警笛声，我转过身，以为自己会看见那种白人男性消防员挂在消防车外面的经典场面，但是我错了。这是一支华人组成的消防队，领头的指挥官是个敦实的年轻华人女性，她开着消防车冲过卡尼街，然后消失在街角。

在美国所有的唐人街里，旧金山唐人街最老，也因此受人尊敬。我发现，为了惠及唐人街社区，旧金山消防局甚至开了粤语版的防火安全课。此外，这里的华人家庭已经传了好几代，很多家庭的身份认同更趋近于美国人而不是中国人。旧金山唐人街和金门大桥、恶魔岛一起，并列为旧金山最受欢迎的旅游景点，这里也确实更像个游客区。旧金山唐人街就像一个行星，周围环绕着很多卫星——里士满区、日落区，还有一湾之隔的新兴的奥克兰唐人街。尽管现在很多华人新移民选择住在唐人街外，但这里仍然是低收入移民的第一站。这里仿佛有一种引力，拉扯着各个年龄段的美籍华人回来，在周末和节假日来上学、露营，或者参加特别活动。他们也面对着和我一样的问题。是什么让他们回到唐人街？他们想在这里寻找什么？我开始把这些问题抛给其他人。

非华裔的人总是告诉我他们爱唐人街。"唐人街有很多值得一看的地方。"他们一边说，一边指着那些家族经营的风筝店，19世纪建成的道观，中药店，还有路边摆出来的促销陶瓷小饭碗。我的朋友简说，她小时候总是在市德顿街一家摆满小玩意儿的店里打气枪，不把每把枪都打空决不罢休。还有朋友说他们难以抗拒唐人街的美食，价格便宜，吃着开心。从橱窗里摇摇晃晃的大块烧腊到街角点心店里颤悠悠的蛋挞，在这里，不用离开西方文化的舒适圈就能体验异国情调，来一场脱离日常的冒险。他们在这里找到了有意义、激动人心、引人入胜的事物。"感觉唐人街原汁原味，"我的一位同事说，"和其他地方不一样。"

越是听别人说唐人街，我就越想听唐人街的人怎么说自己——不管是刚搬来的人，还是这里的老居民——是他们保存了唐人街的原貌。早在20世纪20年代，社会学家就预测，随着移民不断被美国主流同化，唐人街最终会在美国消失。然而，旧金山唐人街并没有消失。但如果移民不断迁出，它为什么没有消失？是什么让唐人街有着跨越时间的凝聚力？今天的旧金山唐人街究竟是怎样的？如果说旧金山唐人街和我在纽约熟悉的唐人街是如此不同，那么美国其他地方的唐人街又是什么样？我发现，在我找到这些小问题的答案、弄懂唐人街对普通人来说意味着什么之前，提出更大的问题没有意义。

## 我为什么要写这本书？

我开始从街坊邻里收集故事。我有种感觉，如果把这些故事摆在一起，会构成一幅异彩纷呈的美国华裔社会画卷。这幅画卷当然是活力四射的：在采访的过程中，我惊讶于新移民和他们建立的新社区，也感叹老一辈移民融入美国主流，却又若即若离的生活状态。华人遍布世界各地，唐人街也在温哥华、伦敦、横滨甚至拉斯维加斯落地生根，丰富了这些城市的文化。并不是说美国的唐人街就比其他地方的唐人街更值得一写（对于很多华人来说，传统的唐人街也确实远离了他们的生活），但移民故事一直是美国神话的内核，唐人街在这个国家的标志性地位也因此特别受人关注。我住在唐人街附近，被它吸引是自然而然的，从实用角度来说，唐人街也为我的调查提供了一种内在逻辑，把这本书里的故事串在一起。如今，世界越来越关注中国，关注华人，我对美国唐人街的起源，以及其背后生动又鲜为人知的故事也越来越感兴趣。唐人街不断发展、演变，生机勃勃，它们的影响力早已超出了唐人街本身。

　　这本书的故事从旧金山唐人街开始。这很合情合理，因为它不仅是美国现存最老的唐人街，旧金山湾区算得上是美籍华人共同的"老家"，也是我现在正住着的地方。旧金山唐人街怎么这么特别？在调查的过程中，我对这座城市的了解越深入，就越欣赏它。中国人把旧金山叫作"大港"或"第一港"，在淘金热和美国铁路大开发期间，美国对廉价劳动力敞开了怀抱，这里成了数以万计的华人进入美国的门户。然而好景不长，这扇大门很快被《排华法案》关上了。但此时，华人移民已经在这里深深扎根。在这个移民浪潮迅速更迭的国家里，仇华情绪没有持续多久，排外的矛头从一个群体迅速转移到另一个群体。就这样，在排华运动中，旧金山唐人街崛起了。1906年，一场大地震摧毁了旧金山老城，把唐人街夷为平地，华人领袖抓住机会重建了唐人街，掌握了社区规划的决定权。这么干的唐人街，旧金山也许是第一个，但肯定不是最后一个，"重塑自我"是一个经久不衰而且无法回避的问题，这个问题在包括旧金山在内的每个唐人街里回荡。今天，有关身份认同的命题仍在延续，青年领袖们抓住机会向旧金山的游人们展示他们的生活，讲述自己的唐人街故事，新移民们在"镀金贫民窟"中奋力发出自己的声音，他们直面唐人街的双面性：这是一个热闹拥挤的社区，大家都说着同一种语言；但这也是一个孤岛，难以与更大的世界相通。

回到纽约唐人街，我发现我无法逃开我的家族在此奋斗的历史。就像在旧金山一样，我着眼于一代代人的故事，也观察唐人街独一无二的周边环境和地理特征。在我走过数千次的路上——历史悠久的唐人街主干道勿街（Mott Street），人车稀少、有一个大急弯的宰也街（Doyers St.），熙熙攘攘的东百老汇大街——我试着放慢脚步，重新审视它们。在纽约，我循着唐人街最大的生意，和衣服行销四处的女工头聊天，还牵出了一段我外婆在唐人街做裁缝的历史。为了追寻华人大家族统治唐人街的往事，我找到了唐人街的非官方市长——中华会所（这是一个世纪以来纽约华人的龙头组织）现任会长。我惊讶地发现，20世纪70年代初，他和我外公是一起生产幸运饼干的工友，他们在且林士果广场（Chatham Square）的一家小夫妻店里共用二号饼干机。在寻访中文学校时，我找到了勿街一所久负盛名的老学校，这所学校在纽约最古老的天主教堂里开课，而30年前我正是在这个教堂里受洗的。因此，探寻唐人街的过程中也融入了我的个人记忆。我不可避免地接受了一个想法，在纽约城里还有另一座城，不管纽约再大，华裔的数量再怎么增长，华人再怎么遍地开花，在唐人街的小世界里，仍然是你认识我，我认识你。随着时间的推移，唐人街已经和纽约的兴衰产生了千丝万缕的联系，且不论是好是坏，纽约需要唐人街。

在洛杉矶，我发现对城市本身来说，一个联系紧密的华人社区也有无可取代的必要性——事实上，在唐人街落成之初，它就与好莱坞关系紧密。电影工业不仅在赛璐珞胶片上留下了中国人的形象，而且以令人惊讶的方式塑造了唐人街。那些目睹了整个过程的人告诉我，20世纪30年代，好莱坞在唐人街建造中的参与度比大多数人所知的还要高。在这个唐人街里，现实和影视的幻梦交织，不只影响了美国人镜头下的华人和东方形象，也在物理上影响了洛杉矶唐人街的规划。在过去的几十年里，华裔社区分散到洛杉矶的各个地区——蒙特利公园、阿罕布拉和圣盖博谷只是其中一部分——唐人街在日常生活中的重要性被削弱了，但是这些新的华人飞地仍然与唐人街相连。和其他的唐人街一样，洛杉矶唐人街仍然是中国文化的试金石，毫无争议地吸引着一代又一代的华裔。和其他的移民社区不同，唐人街呼唤着华人找寻自己的文化身份。

当唐人街里不再只有中国人时会怎样？唐人街也可以个性十足，发展成别的样子吗？长久以来，夏威夷一直是一个文化大熔炉，从1852年起，这里就以合同工的身份吸引着华人。19世纪80年代，岛上的华人数量一度比白人还多[1]。1900年，夏威夷正式成为了美国殖民地。在整个20世纪里，檀香山唐人街是一拨又一拨亚洲移民们共同的家，并最终成了一个艺术社区。在这里，唐人街更加开放，中国文化的很多方面已经渗入夏威夷的日常生活。在比美国本土更友好的环境中，华人社区获得了广泛的成功和认可，为檀香山①唐人街的复兴铺平了道路。在聆听此地居民的对话时，我不仅了解了身为中国人意味着什么，也有了新发现——接受少数族裔的

---

① 即火奴鲁鲁，华人通常称之为檀香山，故本书全书统一按檀香山翻译。——编者注

自我实现，美国应该从夏威夷的例子里学到这一课。

最后一个唐人街在拉斯维加斯。在一个人造城市的人造唐人街里，最大的看点是，唐人街如何改变了拉斯维加斯纸醉金迷的美国风。从表面上看，拉斯维加斯出品的唐人街好像是对华人文化的终极商业化。起先，我对拉斯维加斯唐人街没有什么期待，这里不过是对唐人街的廉价模仿，一个徒有其表的卡通世界罢了。但到了这里之后，我发现唐人街的周边出现了一个和老街坊相似度惊人的新社区，很多传统唐人街的功能新社区都有。这里的水很深，尽管唐人街在美国已经是个传统景点，但黑暗的一面仍然在其中潜伏，哪怕是在流光溢彩、寻欢作乐的拉斯维加斯。"在美国文化中，'唐人街'是有负面含义的，"拉斯维加斯唐人街创始人陈之诚说，"唐人街意味着污秽、藏污纳垢、不洁、小贩在路边做吃的、人们只会说中文、与世隔绝、对外界漠不关心，甚至更糟——一些人还会把唐人街和匪帮、卖淫之类的联系在一起。拉斯维加斯是一个新起点，我知道我们需要做得更好。"陈之诚创立唐人街、直面美国人成见的故事，为其他唐人街指明了方向。

可以说，是对童年的怀念促使我在每个落脚的城市追寻唐人街，但这只是原因之一。我不像外公外婆那样，为了身份认同回到唐人街——我在唐人街周边长大，那种华人社会带来的隔绝感和安全感我从未体验过。唐人街是他们的舒适圈，那里的人说着他们的母语，氛围轻松自在。在陌生的国度里，唐人街给人回家的感觉。与祖辈不同的是，对我来说，香港只是我的旅行之处而已了。

虽然偶尔能听听粤语，吃点儿熟悉的食物很不错——想妈妈的时候就喝粥吃蛋羹，想外公的时候就吃豉油鸡——但唐人街最吸引我的，还是华人的小社区融入美国大社区的独特生态。通过观察坐落于纽约、旧金山、洛杉矶和檀香山的唐人街——从大西洋和太平洋上的城市到几代中国移民进入美国的门户——以及拉斯维加斯的唐人街，我发现了新生事物和传统唐人街之间的交集。

我们所知的唐人街是值得探索的迷人之地。深入了解这几个标志性的唐人街，让我们对每个城市的移民体验有了更清晰、更深刻的认识；观察每一代的移民，我们发现了海外华人世代继承的文化和传统；寻访包括拉斯维加斯唐人街在内的新一代唐人街，我们构建出华人以社群形式蓬勃发展的生动图景。当然，这本书里的故事不是唐人街的全部，也不能把每一条唐人街说尽，但是它们足以说服我们用新的视角去看待今天的在美华裔。


**阅读说明**

为了读者方便起见，本书中的姓名有许多采用西方惯例，即名在前、姓在后①。采用这种方式是因为我寻访的大多数华人，哪怕是刚移民美国不久的华人，都以名在前姓在后的方式介绍自己。此外，由于粤语是一种口语，在转换成英文时标准各不相同，为简单起见，文中出现的粤语词汇统一按真实发音转写。最后，应采访对象要求，文中部分姓名为化名。

## 编者说明

本书成书于2009年，因而书内时间均以此为依据，因时代变迁所造成的认识局限在所难免，特此说明。

---

① 在翻译过程中，可转换为中文的采用了中文语序，如徐灵凤；取了英文名的仍保留作者写作时的西方语序，如蒂姆·周——译者注

# 目　录

# 第一篇
## 最古老的唐人街[1]——旧金山

唐人街老年公寓
① chinatown senior housing

spofford alley (rosa's old house)
②

新吕宋巷（罗莎旧宅）

sam wo (good noodles)
③ 三和粥粉面（面条不错）

portsmouth square "chinatown's living room"
④ 林次苏莱斯广场 唐人街的"会客厅"

i-hotel i-hotel公寓
⑤

transamerica pyramid 泛美金字塔

financial district 金融区

AAA youth tours (led by alleyway kids) 保护小巷胡同游（由唐人街的孩子们带队）
⑥

sing chong building 生昌大楼
⑦

sing fat building 新发大楼
⑧

gordon j. lau elementary 刘景明小学
⑬

chinese historical society of america (founded 1962) 美国华人历史学会（1962年成立）
⑫

chinese newcomers service center (english classes) 新侨服务中心（上英语课的地方）
⑪

union square shopping district 联合广场购物区

joy lok family resource center (for mrs. chan) 聚乐家庭资源中心（陈太太在此）
⑩

chinatown gate (a gift from taiwan in 1969) 龙彩大牌坊（1969年台湾送的礼物）
⑨

CHINATOWN san francisco

百老汇街
太平洋街
杰克逊街
华盛顿街
企李街
萨克拉门托街
加利福尼亚街
板街 (pine)
布什街
萨特街 (sutter)

头龙老汉大道

旧金山，都板街

图片来源：徐灵凤

# 第 *1* 章

# 美国佛塔

## 旅游建筑的背后

第一次来到旧金山，穿过唐人街时，我想到了迪士尼乐园。

唐人街里，从银行到学校再到麦当劳，所有的房子都装饰着多层宝塔尖，翘起的飞檐，还有东方风格的砖瓦顶。色彩鲜艳的灯笼和旗子点缀其间，有轨电车在路上驶过，好像在说："直接从旧中国驶来！"游乐园的氛围就更浓了。都板街上的主要景点"龙形大牌坊"是中国原装货——它是中国台湾省送来的礼物——这牌坊看着虽然旧，但其实1969年才立起来[2]（不是1869年），它不是帝国主义时代留下的古董，而是自由新时代的造物。牌坊立起来不久后，时间来到20世纪70年代，中美关系进入了蜜月期，尼克松总统宣布美国认同一个中国的政治立场，承认台湾是中国的一部分。

1968年，我爸爸第一次从香港来到旧金山唐人街时，正赶上那个动荡的时代。那是他第一次去美国，也是他第一次踏足唐人街。我问他当时对唐人街有什么印象，他说就一个字，"旧"。

他十分讶异为何在一个现代化的美国，唐人街竟然比香港九龙区最破的地方还老旧。美国的中国城难道不应该像香港一样，是超级现代化、摩天大楼林立、玻璃幕墙发光的大都市吗？但真实的唐人街却挂着早几十年前就不时兴了的装饰，街道破旧、拥挤、肮脏。为什么唐人街和旧金山的其他地方完全不一样？

1968年我爸爸初来乍到时看到的景色，拥挤的小楼，街两边乱摆的小摊，中国风味浓郁的街景，都是我们今天熟悉的旧金山唐人街元素，但深究其后的历史，你会发现这种"原汁原味"的中国街景都是一个世纪前人为炮制的。1906年，旧金山大地震把原来的唐人街夷为平地，地产开发商们趁机逼华人迁离原址，想侵占他们宝贵的房产。1906年4月23日，地震发生五天后，《奥克兰问询者邮报》（*Oakland Enquirer*）刊文称："让我们的城市里不再有唐人街。"直到这时，华商为了保住唐人街，才开始有意识地中体西用，尝试改变唐人街的形象。他们把此地从一个藏污纳垢的贫民窟改造成一个"名副其实的仙宫[3]"，一个引人入胜的旅游景点，我们今天看到的唐人街开始初具雏形。

这些建筑外观是一部唐人街简史。我爸爸抵达美国的那一年，唐人街爆发了抗议示威，居民们觉得唐人街太注重发展旅游业而忽视了社区本身的改革，当初被唐人街当成救命稻草的中国风建筑，如今成了点燃众怒的柴油。在1968年一场唐人街游行示威的黑白照片里，年轻人们高举着牌子，抗议唐人街的旧势力："都板街又挤又脏，游客看了'古色古香'[4]！""寻找'异域风情'好住处？唐人街欢迎你！老鼠、蟑螂、拥挤、贫困也欢迎你！""保留唐人街特色——最高的肺结核发病率，最高的自杀率，没有工会，工资最低！"

当我开始调查唐人街游客样板楼背后的故事和导致唐人街翻新的社会风向时，唐人街内外每个人给的线索都指向了胡垣坤。

1926年，胡垣坤老前辈在唐人街出生，之后又在唐人街长大。他是一位建筑师，也是一名历史学家。1969年，他和另一位美国华人研究先驱麦礼谦一起，在美国大学开设了第一门在美华人历史课。从唐人街建筑的变化来解读居民历史正是他的创新。很多学者的研究领域和他们本人有一定距离，但胡垣坤的研究和个人经历紧密相关。

一生中，他一直留心观察着唐人街沧海桑田般的变化。我们见面时，胡垣坤已经81岁了，他是一个平静、健谈的老人，有一头白发，留着和发型相配的小胡子。多年的教学经验让他养成了一种有说服力的、审慎的说话方式，表达意见很有力度。对于自己身为华裔在唐人街的经历，胡垣坤很坦率，20世纪末期，他也曾遭遇过种族主义。他和麦礼谦共同完成了一项新成就，填补了美国华人研究的空白，记录了唐人街和在美华人的历史。"我只是个普通人，"他告诉我，"但是我可以告诉你和唐人街以及唐人街的演变有关的一切。"

胡垣坤是一名专业建筑师——他和妻子莎拉一起设计建造了他们现在住的这套房子。房子样式现代，采光充足，坐落在距离唐人街五个街区的西北边——但是他一直对在美华人的历史感兴趣。20世纪60年代，民权运动烧到唐人街，胡垣坤开始担任他人生中最重要的角色——历史讲师。尽管那时他住在唐人街外面，在建筑公司设计餐厅和住宅，但他还是参加了1963年在唐人街成立的美国华人历史学会。

唐人街物质条件的发展催生了很多叛逆青年。20世纪60年代，美国的移民政策放宽，大量新移民涌入了唐人街。年轻的新移民躁动不安，他们渴望更高的收入，更干净的街道，质量更高的、能接纳非英语母语儿童的学校，以及更多更好的廉价房，他们与上一代老移民之间出现了鸿沟。"新一代批评唐人街的管理机构，说他们从来没有正视过真正的问题，只是维持现状、保持孤立，做了几十年循规蹈矩的'好人'，还要继续做下去，"胡垣坤说，"管理唐人街的保守派则认为这些年轻人制造了麻烦，败坏了唐人街的声誉。"

当时，美国的其他地区都被民权运动席卷，唐人街也不例外。1968年，我爸爸看到唐人街民生凋敝、街巷破败的那一年，也是抗议爆发的那一年，旧金山州立学院（现旧金山州立大学）的学生掀起了全国瞩目的"第三世界学生罢课运动"，敦促学校建立民族研究项目。

和少数族裔社区有关的知识真空已经相当明显。旧金山州立学院在学生罢课后联系历史学会，问有没有人愿意教授相关课程，胡垣坤和麦礼谦发觉，他们能提供独此一家的知识。"对我来说，那真是一个启蒙的时刻，"胡垣坤说，"我们可以给学生提供大量史实，在此之前，他们都不了解美国华人的背景。"

旧金山州立大学的亚美研究所至今仍然在引用胡垣坤和麦礼谦最初定下的课程大纲，当时，他们的课上了一堂接一堂，堂堂爆满。"那个时期的华裔学生都很愤怒，但是他们不知道自己在愤怒什么，"胡垣坤说，"他们不知道自己为什么是二等公民，也不知道自己的父母为什么如此逆来顺受。他们对社会心生怨愤。"学生需要有人引导，把自身的经验放在更广阔的社会背景下去理解。

　　从自身经历出发，胡垣坤有许多观点可以分享给学生。童年的他觉得唐人街始终笼罩着一种不安全感，这种"非法感"是从父母的谈话中来的。"我们经常说一句话，'唔好笃咗d番鬼'，就是不要冒犯白人的意思。当你在外面惹了麻烦，或者不守规矩的时候，你总是被教训'别惹白人'。我父亲是非法移民，随时有可能被调查，他们活得战战兢兢。"旧金山的大部分出生记录和移民记录佚失在1906年的大地震中，和成百上千的"纸生仔"①一样，胡垣坤的父亲是买了假出生证明来到美国的。地震之后，身在美国的中国人可以获得美国公民身份，他们也可以号称在中国出生的后代是美国公民。这些身份有真有假，有些人将自己的子女身份资料卖给他人，借机牟利。"纸生仔"的数量到底有多少已经无处可考，但1957年《纽约客》的一篇文章报道说，如果所有号称自己的出生证明被烧毁的人说的都是真的，"那1906年旧金山的华人女性每人要生800个孩子"⁵。

　　胡垣坤本人在20世纪50年代中期才搬出唐人街，当时的法律已

---

① 纸生仔（英语：paper son 或 paper daughter）是指20世纪上半叶许多通过冒充别人子女身份移民北美的华人。——译者注

经开始允许华人在唐人街之外置业。他可以向学生解释老一辈唐人街移民的恐惧和不作为；他可以描述他父母那代人的封闭和自我保护——他们至今仍然保守，害怕与白人交往；他还可以超越过去，放眼未来，把华裔的处境放在美国更广阔的历史背景中。他说，这一直是他的目标。

建筑物是胡垣坤研究唐人街的重要角度。少年时期，他在图书馆借到一本《旧金山唐人街》，这本书出版于1936年，作者是查尔斯·考德威尔·多比，这也是最早出版的唐人街通史书之一。他很喜欢书里的铅笔速写插图，带着书在唐人街走来走去，把每幅画和现实中的建筑做比较。后来他开始尝试自己画速写，就从自己身边的房子、学校、商店入手。

他从自己的建筑藏书中拿出一本《旧金山唐人街》的复印本，让我看里面保存完好的书页。"了解了这些建筑，也就了解了历史，"他一边说，一边翻过一页速写，上面画着他年轻时曾就读的中文学校，"一代又一代，我们一直被当成外来者。但是证据就在这儿，人们需要了解，打有旧金山那天起，唐人街就已经存在了。"

以唐人街的建筑为窗口，胡垣坤观察到一个现代社区正逐渐成形。固着在美式想象中的唐人街有两大特点——悠久的历史和中美风格杂糅的独特建筑。借着自己的建筑师背景，胡垣坤把这两点结合在一起研究。1848年，加州淘金热[6]的消息传到了广东，其时当地正深受内战、干旱、饥荒之苦，人们纷纷涌入旧金山。他们叫加州金山，意思就是"金子堆成的山"。在接下来的几十年里，成千上万的中国移民（其中大部分是广东乡下男性）迁至美国，修铁路或者种地为生。到1870年，美国约有6.3万华人[7]，其中四分之三以上都在加州。他们成立了势力强大的家族和商会，一边保护自己利益，一边帮助新移民落脚。"罔顾这些史实，"胡垣坤写道，"今天的游客仍把唐人街看作一个传统文化和建筑主导的'未同化的外来社区'[8]，看作一个对中国的简单移植。"他说，人们草率地把唐人街当成异国情调的绿洲，大多数人不了解这些建筑背后的真实历史。

我回忆了一下最近一次去唐人街的场景，深以为然：每条街上都有人在拍照，游客们行走缓慢，陶醉在唐人街五彩斑斓的节日气氛里。每年都有成千上万的游客来唐人街寻找那种"原汁原味"的中国风，享受文化氛围，正像胡垣坤写的那样，一旦这些游客知道，这些中国风建筑大部分是1906年地震后，中国商人掏钱雇白人建筑师设计来迎合美国大众的种族主义的，这一切就都变味儿了。

胡垣坤指出，地震前的唐人街建筑外观很有西方特色，1906年之前的图纸、照片、文献里，砖房和意大利式维多利亚风格的外墙阳台占主流。研究旧金山唐人街的旧照片时，我看到了马车、鹅卵石街道、带遮阳篷的木瓦房子①，中国风格只存在于招牌装饰上和细节处。之后，白人从唐人街搬到了更富裕的新街区，空置的房子里这才住上了华人。从建筑上看，19世纪后期的唐人街是典型的美国拓荒风格，只是招牌上多了点汉字。

　　胡垣坤说，早在地震发生前，很多中国人就已经想改变自己的形象了。1854年前，加州针对中国移民的暴力行为不断上升，然而根据当时的法律⁹，这种行为可以免于被起诉。1882年，加州通过了《排华法案》¹⁰，这是美国第一部针对特定族群移民的法律，直到1943年中国和美国在第二次世界大战（后统称二战）中结盟，《排华法案》才被废除。后来，人们把那个时期叫作排华年代。尽管《排华法案》豁免了商人、游人、学生和在美国出生的华人，但大多数留在美国的华人本质上是被社会孤立的：他们没有投票权，不能与家人团聚，他们的权利无人保护。合法居民却不能成为美国公民，种族主义大行其道。大地震发生前，唐人街急需破除反华叙事中充斥着赌博、卖

---

① 木瓦是一种薄薄的锥形木块，这种建筑风格在北美殖民地盛行。——译者注

淫、鸦片窝点、廉价劳力的形象，同时，旧金山参事委员会也步步紧逼，威胁要强行驱逐唐人街居民。1906年4月18日凌晨5点12分，一场大地震拉开了再造唐人街的序幕。地震后不久，华商陆润卿和唐邦共同敲定了唐人街重建的各项细节，他们聘请了托马斯·帕特森·罗斯和A.W.伯格伦的建筑团队，建造了新发公司大楼和生昌公司华人市场。

"从建筑学的角度来看，这些楼房很平庸，"胡垣坤说，"提到中国建筑，他们最先想到的是什么？宝塔。所以他们不假思索地模仿宝塔，建造了飞檐，又在上面雕花，不一而足，但整个建筑大体上还是美式标准化装潢。他们创造了一种新风格，不中不洋，既非东方也非西方。这只是白人建筑师臆想出来的。重要的是，这些建筑是历史的物证，它们存在，只因为我们要推广自己的文化以取悦当时的白人。这是一种自我保护。"

一个工作日的下午，我走到了都板街和加利福尼亚街的交会处。在这个路口，自驾的游人们徐徐驶过，身子探出车窗给新发大楼和生昌大楼拍照，这两栋楼是20世纪初唐人街重建的标志性建筑。顶上有层层宝塔的是生昌大楼，这里最初是一家干货店，一楼后来开起了麦当劳，现在则变成了唐人街美食广场。大楼旁边有一家"亚洲印象精品店"，里面有艺术品出售。一条马路之隔的新发大楼是一座朴素的棕色砖砌建筑，表面装饰着绿色石材，楼顶扣了一个涂成红黄绿三色的"宝塔帽"，橱窗上写着："高级珠宝统统三折！"在这条热门旅游线路上，行人大多不是华裔：成群结队的观光客等着铛铛车来把他们接走，其他游客则坐在老圣玛丽大教堂的台阶上，拿着地图规划下一步行动。百年之后，陆润卿、罗斯和伯格伦在唐人街这个中美合璧的实验室建造的大楼，在吸引外部游客方面取得了难以比拟的成功。

"这是唐人街的内部人士为推广中国文化刻意为之的，"胡垣坤说，"建筑的外观不是偶然形成的，也不是因为刻板印象。那一代人试图为华裔正名，改变世人眼中唐人街的贫民窟形象。靠着这个漂亮的东方风情街，他们赢得了外人的好感。即便是在今天，我们在唐人街推广中国文化也是有目的的。"都板街曾经是唐人街的主干道，但如今涌入的旅游热钱已经把它变成了一个没有灵魂的亚洲主题吸金商业街，销售各种T恤、丝绸睡衣和茶具套装。在很多方面，胡垣坤说："我们仍然在做同样的事情。"

唐人街震后的重建热潮成功安抚了白人当局。1910年5月26日[11]，《华盛顿邮报》刊登了一则广告，宣称"唐人街的鎏金宝塔穹顶为新城添彩"。胡垣坤在旧金山州立大学的同事谭雅伦则评价道[12]，唐人街的新风格"非常巧妙，把假中国卖给了一无所知的白人"。但这一切都是为了自保，在接下来的几年里，唐人街开始了内部重建。1997年，美国公共电视台（PBS）拍摄的一部有关唐人街的纪录片中，制片人刘咏嫦生动地描述了唐人街贫民窟的状况[13]："纵观历史，唐人街一直在自我供给外部世界给不了的东西——到了30年代，唐人街已经从一个独立社区发展成为十几个街区大的城中城，有自己的学校、医院、夜总会和行进乐团。唐人街甚至还有一个中国电话交换局，名叫'中国五号'。"三四十年代，非营利组织和家族协会继续给唐人街增添中国风，著名建筑师朱莉娅·摩根设计的企李街基督教女青年会也以中国建筑为灵感。50年代，唐人街建筑和乔志高在《湾区华夏》（*Cathay by the Bay*）里写的一样，基本没有变化，直到1965年的《移民和国籍法》取消了国家移民配额，重新允许中国移民大量入境，新移民的涌入给唐人街带来了人口过剩的问题。接着，霓虹灯牌和玻璃大店面走进了唐人街，现代化和不断上涨的房租让唐人街街景再次改头换面。

　　我问胡垣坤，唐人街的建筑设计是刻意为之而不是偶然所得，为什么这一点对你来说很重要？他沉默了很久，最后承认道，非华裔创作的关于唐人街的作品层出不穷，"但作品跟唐人街本身没什么关联"。这些作品大多聚焦在唐人街风格的象征意义上，胡垣坤说，罔顾这里的建筑物和历史。现代唐人街是由最初移民至此并在此地生活多年的中国人重建的，他说，去了解唐人街重建的真相、了解唐人街是对种族主义的回应，是很有价值的。在成长过程中，胡垣坤感到留美华人在这里并不受欢迎，这种敌对的文化环境催生了一种"旅居"的心态，因此，很多中国人都希望最终能返回祖国，落叶归根。他很高兴看到在有生之年，他的子孙后代不必再面临他曾经面对的问题。随着中国在世界舞台上崛起——尤其是在了不起的2008年北京奥运会开幕式之后——年轻的一代更可能对自己的种族身份感到骄傲，而非羞耻。但了解历史上曾经发生过什么，能让大家理解他们这代人为什么这么激进，胡垣坤说。

"即使在今天，人们也并不真正了解历史，他们尽可引用日期和事件。"胡垣坤说，但如果没有认识到一开始美国社会反华势力对人们的荼毒，就很难理解在美华人的历史。在淘金热时期，华工因为接受"贫穷工资"[①]而被其他人处以私刑，他们的定居点会被烧毁。在这种强烈的种族主义下，加州率先推出了反华法律法规，最终导致美国于1882年禁止了来自中国的移民。当时，唐人街对华人来说既是走投无路的贫民窟，也是安全的避风港。

---

① 贫穷工资（starvation wages）指远低于市价、难以维持温饱的极低工资。——译者注

了解了这段历史，才能知道唐人街为什么是今天的样子。以自己的经历为蓝本，胡垣坤把唐人街的历史和旧金山的历史联系了起来——它的迁移、社会地理、城市发展和长期的反华氛围。他说，指出唐人街历史与美国历史之间联系的重要性，是他倾其一生努力去做的事。

胡垣坤说，在多比的《旧金山唐人街》之前，几乎没有关于美国华人的文章或由华人撰写的文章。当时的华人作家不多，因为大多数人都在忙着找到一份力所能及的体力活儿。然而，自20世纪60年代华人觉醒以来，由在美华人书写的有关自身经历的历史、戏剧和小说数不胜数。胡垣坤的童年玩伴兼大学同事麦礼谦建立了一个无可比拟的个人档案，存放着有关在美华人历史的文件，他还有另一份即将被数字化的收藏，囊括了在美国出版过的中文报道。他们共同建立了如今的在美华人研究学科，现代的华人觉醒浪潮一定程度上可以归功于胡垣坤和麦礼谦在学术上的努力。

胡垣坤已经从建筑行业退休近10年，但他仍在继续为美国华人历史学会撰写文书、策划展览，美国华人历史学会博物馆里的一个永久展厅以他的名字命名。在胡垣坤书房里的大工作台上，他的一本关于萨克拉门托华人历史的新书正在收尾，书稿中的一张照片是他祖父经营的肉店，胡垣坤本人也在那间肉店打过工。"你知道吗，我是一个技术高超的屠夫，"他笑着说，"我可以把一头牛按部位卸成好几块。"

在胡垣坤采光通透的家里，墙上和桌面展示着让人印象深刻的艺术品：胡安·米罗的几幅画，一位美国当代艺术家的插图（展示自己的收藏时，胡垣坤向我保证他不是只收藏中国的艺术品），还有小型的玉雕。他的收藏中，还有19世纪在美华人主题的政治漫画版画。他在1994年与谭雅伦和曾露凌合著的书《美国早期漫画中的华人》(*The Coming Man*) 中详尽地介绍了这些漫画，从视觉角度呈现了那个时代的主流社会对中国移民的看法。胡垣坤家楼上的家庭照片廊展示着他父母的旧画像，还有他的三个孩子、五个孙子孙女的近照。胡垣坤已经远离了唐人街，但他没有忘记。

胡垣坤仍然全身心地投入唐人街的工作。1986年，他参与的一项将唐人街作为历史街区进行地标性保护的提案被市政府拒绝。"实际上我稍微松了一口气，"胡垣坤说，"很多保护主义者都想劫持这个历史街区——他们认为唐人街是一个建筑博物馆，所以碰不得、改不得。但唐人街还活着，它仍在成长、在进步，仍然有很多需求。所以谁也不能让它猛然刹车，静止不动。"胡垣坤说，旧金山城对历史保护的定义和他个人理想之间的差距，是他"长期以来一直在与之缠斗的问题"。

在今天，这些唐人街的老建筑依然在影响着社区的生存，唐人街落成之初的区域划分限制了高层建筑的发展。据当地历史学家杨月芳称，在20世纪七八十年代的青年激进主义中兴起的社区组织中，有超过30个组织致力于解决唐人街的经济和社会需求。

那是在1989年的另一场大地震之后。知名社区领袖、非营利组织唐人街社区发展中心（CCDC）的负责人诺曼·方在接受一家香港流行杂志的采访时被问及他觉得唐人街是否会消失。像奥克兰唐人街和里士满、日落区这样的"卫星中国城"不断在周边崛起，是什么让这个唐人街如此特别？"是历史让它与众不同，"在跟我说起这件事时，诺曼斩钉截铁地说，"这是美国亚裔的集中地，人们与这个社区息息相关，事实上，这里增加了他们作为华裔美国人的认同感。只要人们还在乎（这种身份认同），唐人街就会继续存在。"

最近诺曼提出，在唐人街翻新过的小巷周围贴上猴子爪印形状的青铜牌，以追溯各个家族在唐人街留下的遗产。包括诺曼自己的家族在内的不同家族都购买了铜牌，作为对家族传统和在唐人街扎根的纪念。猴子爪印是他们自豪感的表达，也是这里的居民向游客重新宣示对唐人街空间所有权的一种方式。

诺曼说，他和胡垣坤一样对唐人街的历史充满热情，但他也强调，他和胡垣坤都认为真正居住在此的低收入移民才是最应该被优先考虑的。为了安置这些居民，唐人街的建筑需要再次转变。

"从经济角度出发，一些家族协会真的想把唐人街变成一个景点，"诺曼谈到了唐人街的小团体之间的斗争，"多建餐厅，多建办公楼——他们认为这里不需要廉价房，我们应该把这些房子都拆掉建高层。但尽管这里的房子如此破旧，这里的人如此贫困，这里仍然是一个熙熙攘攘、充满生机活力的社区。"

"唐人街的特别之处？"唐人街社区组织者谭周（音译）说，"就是街头生活。"他说，在这里建摩天大楼的话，唐人街社区的主要活动场所主广场就会被阴影挡住，大大影响人们的生活。想让开发商为原居民的生活习惯而做出改变并不容易，但像谭周这样的活动家会继承和维护胡垣坤立下的规矩。胡垣坤也赞成移民是唐人街的活力源泉，就像他一直习惯的那样，他在发表观点时喜欢瞻前顾后。

"只有移民不断涌入，唐人街才能继续存在，"胡垣坤说，"第一代人保留了华人的文化和习惯，第二代人有钱了就搬走。一旦人们都搬出去，等待唐人街的就只有灭亡。20世纪50年代就发生过这样的事，那时移民因为中美间的贸易禁令而减少，像我这样的人又陆陆续续从唐人街搬走，说到底，我们都不想让自己的孩子在唐人街长大。"1965年之后的移民潮让唐人街再次活跃起来，但胡垣坤说，住在唐人街的移民们也左右不了自身的环境。"在唐人街逢年过节的光鲜表面之下，它本质上还是一个贫民窟。挺讽刺的，唐人街靠着新移民才能支撑下去，我们也想改善他们的生活，但如果没有不那么富裕的人持续搬进来，那唐人街就只能是一个装饰。"我问胡垣坤，为什么无论对哪一代的华裔来说，唐人街仍然这么重要？

"我们这一代人终其一生都只想搬出这个破地方，所以我对唐人街的感情和今天的孩子们有所不同。"胡垣坤说。通过和他的谈话，我更充分地理解了每一代人来到这里的原因。今天的唐人街满足了两个基本需求：对于老一代人来说，它是精神和历史的试金石；对于新移民来说，它是他们的第一个庇护所。

"我一直致力于社区福利工作，肯定不是为了让唐人街一直穷下去——事实上，我们所做的一切都是为了穷人有一天能离开这里。"胡垣坤说，"我保护唐人街的方式是证明我们曾来过这里，它是活生生的证据，也是珍贵的历史片段。"他轻拍桌子以示强调，"改变唐人街和保护唐人街，这两者并不矛盾。"

蒂姆·何（Tim Ho）和罗莎·王谢（Rosa Wong-Chie），朴次茅斯广场
图片来源：徐灵凤

第2章

# 街头小子

## 年轻人的唐人街革命

　　当我在一天下午走近唐人街的朴次茅斯广场时，我感到地面都在颤抖——学生组团走过，就像火车过站，孩子们在广场下层的沙坑和广场上层的大游乐场之间蹦来跳去，大喊大叫。为了融入唐人街特色，就连广场上绿色紫色的游乐设施也被加上了宝塔形的豪华屋顶。母亲和保姆坐在一起，附近的上班族在阳光下吃午餐，一边吃一边赶走围过来的鸽子。老人们聚集在公园长椅周围，玩纸牌、打麻将，其他人随意把手背在身后在附近围观。一些长者在广场上慢慢绕圈散步，跟熟人打招呼："您吃了吗？"每次来广场，他们都带着中文报纸和一肚子的八卦。随处可见人们拎着红色塑料袋，里面装着今天采购的东西。

罗莎·王谢时年23岁，她在广场的旗杆下望着上层的游乐场，那是她最喜欢的地方之一，童年夏天的大部分时间她都在这里消遣。我和一群游客一起在她身边集合，她转身对我微笑，太阳照得她眯起了眼睛。她说："欢迎来到唐人街的'会客厅'。"

第一次见到罗莎的时候，她刚被派去当"唐人街胡同游"的协调员，负责组织在唐人街长大的高中生和大学生在周围徒步游览。她告诉我，这个项目的目的，就是带大家离开全是茶餐厅的"点心路"，走走另外五条唐人街主干道，探索这个社区的历史和现代生活。尽管罗莎现在已经是这个项目的管理人了，但她和其他人一样，也是念高中的时候从志愿者干起的。

罗莎身材小小，戴着副眼镜，头发经常梳成一个马尾，她一脸严肃，说话掷地有声（尽管有时候，她还是掩不住年轻人那种尾音上扬的说话方式，就像在发问一样）。她语速很快，从记忆里调取街坊邻里的故事讲给我听——这可能并不是她自己的记忆，毕竟她1984年才出生——但这些故事来自唐人街居民的集体记忆，细节很丰富。那天下午我们下楼梯时，她不停地讲述附近的故事，多年来，这些故事已经被她牢记在心：朴次茅斯广场不仅是唐人街的中心，还是西班牙人18世纪抵达旧金山后建立的第一个广场，那时旧金山还不叫旧金山，叫"芳草地"；六成的唐人街住房都是狭小

的单人公寓，"这是大家都在朴次茅斯广场活动的原因之一"；尽管
I-Hotel[1]重建完成投入使用了，放出了104套小公寓（1977年，这座
专门接纳中国和菲律宾工人的酒店曾经因为驱逐老年住客而被口
诛笔伐），但是直至今天，为唐人街的老年人和低收入家庭争取廉
租房的斗争还在继续；"唐人街胡同游"能帮助年轻人锻炼演讲技
能，了解社区历史，提高研究能力。

　　罗莎补充道，除此之外，参与"唐人街胡同游"的年轻导游们
也觉得这是一个消除对中国城误解的好机会。从"唐人街的会客
厅"出发，我们跟着罗莎、她的同事蒂姆·何，还有17岁的向导杰
森·唐，对唐人街的"前院儿"和"后院儿"来了一场两小时的调
查。市德顿街和都板街这样的主干道自然属于"前院儿"，唐人街
的居民们不想从大路挤时，就会从"后院儿"窄巷抄近道。

　　"人和车都会从这些小路抄近道。"罗莎说。与此同时，两辆
送货车从她背后驶过，一对母子从所剩不多的空间里匆忙挤过。罗
莎指着新吕宋巷，她就在巷子里一个逼仄的单间公寓里长大。杰森
开玩笑说，那儿是"罗莎巷"。

　　"其实，"罗莎说，"我把那儿叫作'游乐场'。"

　　在美国的很多唐人街里，年轻人迁走是一种常态。唐人街为
很多游客诟病的拥挤、脏乱，也是刺激这儿的居民搬走的主要原
因——一旦他们有了钱，就会尽快搬走。在唐人街旅游胜地的表面

下，里面的大多数居民都沿着贫困线打转。唐人街里子面子的差异太大，华裔历史学家谭碧芳把这里称为"镀金贫民窟"。

唐人街像一扇旋转门，一边是老居民持续迁出，一边是不断被便宜的租金和社区服务吸引来的新移民。在过去的20年里，唐人街的状况有了巨大的改善，但也有些人担心，在这儿长大的年轻人一旦搬走就再也不回头，也不会再为唐人街做贡献。他们说，只有年轻人回来，社区才能得以延续。

"很多搬走的小孩，会因为怀念唐人街的便宜饭菜重新搬回来，他们都是这么跟我说的，"罗莎边笑边说，"他们在这儿活动有各种各样的原因：家住在附近、朋友生活在这里、学校在唐人街、来这儿学中文，或者是因为爸爸妈妈在这儿工作。但是那些知识更丰富、跟这里联系更深的人，才是真正能在长大后把唐人街融入自己生活的人。"

诺曼·方说，很少有人留在唐人街。诺曼成长在20世纪60年代，那时候他经常跟着一个"唐人帮"混，"那时候，每个人都得加入一个帮派，种族主义横行，警察基本不管"。他说他一直很看重年轻人："我是一个年轻人，我觉得自己很有价值，哪怕社会并不在乎我们。我一直都觉得年轻人的力量没有受到足够的尊重和理解，尤其在喜欢论资排辈的亚洲社会。"诺曼身材矮壮，头发乱蓬蓬的，看着就像一个大孩子似的（尽管我们见面时他已经55岁了）。对社区里的孩子来说，他像个老父亲，又像个大哥哥。诺曼在旧金山长老会当了25年牧师，同时也是唐人街长老会教堂的教区助理。唐人街的很多人会尊称他"方师傅"。

1991年，诺曼在唐人街发展中心成立了"保护小巷"计划，迅速调动了这个有着30年历史的组织里年轻人的积极性。在此之前，他曾在金美伦堂负责青年计划，这是一个成立于1874年的唐人街社区组织，最初是专为中国女性设立的庇护所（在排华年代，唐人街的主要居民是男性华人劳工，为了满足他们的需求，成千上万的中国妇女和女孩从旧金山偷渡进来）。诺曼和八个高中生一起启动了"保护小巷"计划，诺曼问学生们，他们想怎么改变这片街坊。

"我说：'唐人街是华裔的出生地，这是你们的地盘，这也是你们的家，不管你现在住哪儿。'"诺曼说，"'告诉我你们的不满，提出改进意见。'他们的意见主要集中在巷子里，他们说：'街上太臭了，市政府没有好好美化市容。'"

诺曼致电旧金山工务局（Department of Public Works）时，震惊地发现唐人街小巷竟然不在旧金山市的维护和清洁范围内。"那已经是90年代了，"回忆起来这段经历，诺曼直摇头，"但我们还是被当局无视了。"工务局的工作人员建议诺曼把垃圾堆到萨克拉门托街、华盛顿街或者其他主干道上，"然后我们会把垃圾清理走"。

唐人街的小巷可以通车，因此不能算是私人车道（私人车道由住户清理保养，不归政府负责），但工务局还是把责任强加给了唐人街的住户，住户也不愿意好好打扫，两边互相推卸责任。

每周五放学后，诺曼手下的八个高中生开始在小巷里巡逻。他们把要巡视的街区划分成四个区域，了解小巷的历史，沿途记录见闻。诺曼说，这些学生"变聪明了"：在巡视小巷、给小巷打分时，他们邀请了当地报社的记者一起。

"我们就这么获得了媒体的关注，当地的中文电视台（Chinese TV）和我们一起走访小巷，其他媒体也陆续跟进，"诺曼说，"社会总是在给青少年们打分，他们也有权给社会打分。"他们开始在周边的高中里召集华人学生社团，一起清理唐人街小巷里的垃圾和涂鸦，这支队伍不断发展壮大。1995年，诺曼开始和加州大学伯克利分校的学生贾斯敏·寇（Jasmine Kaw）合作——她的学位论文主题是唐人街小巷——为唐人街小巷做一个总规划，逐条评估这些小巷，最终让市政府把小巷纳入日常维护。

"最终是我们赢了，"诺曼说，"我告诉这些年轻人——我可能有点儿夸张——'保护小巷是唐人街最伟大的青年运动！'和过去一样，旧金山试图继续对华人社区置之不理，是年轻人扭转了局面。他们为自己赢得了这场战斗。"2000年，"唐人街胡同游"开始启动，学生向导们根据自身经历制定了个性化的游览路线，他们讲述的很多街坊逸事都是从诺曼那儿听来的（诺曼自己也曾是唐人街向导）。

"我喜欢诺曼。"罗莎告诉我她觉得诺曼"真的很酷"。诺曼的名号在街头叫得响，因为他在唐人街土生土长——他是第三代移民，他的爸爸曾被困在臭名远扬的天使岛移民拘留所，当时有很多华人移民在这里被拘禁、遣返——也因为他在社区工作上的不懈投入。诺曼被大家看作是唐人街的孩子，他几乎不睡觉，他20来岁的儿子迈可说，诺曼比自己还精力充沛。

我问罗莎，为什么诺曼这么坚持让年轻人参与社区活动，她说，这是为了让唐人街在未来也能状态良好，保持活力。

"因为年轻人就是未来。诺曼总是以这样一段话开场：'想保持唐人街的清洁，有什么比让学生参与进来更好的办法呢？商人和政府都应该感到羞愧。'这就是他开展项目的初衷。他真心认为年轻人应该在各种社会事务上发声，这是他颇为优先考虑的事情之一。"

三和粥粉面位于都板街和华盛顿街的拐角处，这是一家拥挤的中餐厅，共有三层楼。20世纪80年代，《旧金山纪事报》记者赫伯·卡昂著文称店里一名冯姓服务生是"全世界最粗鲁跑堂"，三和从此名声大噪。罗莎、蒂姆和我在三和吃了面条当午餐，之后我们聊起了和数学相关的话题。

"我姐姐比我大两岁。"蒂姆说。他和罗莎一样是1984年出生的。

"所以你姐姐是1986年出生的？"我问。没人回答。然后大家大笑起来。蒂姆指着他的灰色T恤，上面用红色大写字母写着："我数学很烂。"

"刻板印象里，亚裔都是数学天才，我们就是要让他们知道他们想错了，"蒂姆解释说，用手理着他撅起来的黑发，"我们应该给你也买一件这样的T恤。"我承认，我受宠若惊。

10年前，蒂姆对唐人街没有什么特殊的感情，尽管他几乎所有时间都待在这里，打篮球、跟朋友四处闲逛。他和家人在唐人街的单间里住了几年，之后搬到了附近的郊区，但他们每天都要光顾唐人街。"如果你只会说中文，你还能去哪儿？"蒂姆一边玩手里的筷子一边说，"我以前在斯托克顿将军小学念书。"——斯托克顿是唐人街的中心小学，现在已经以当地民权和社区领袖的名字命名为刘贵明小学（Gordon J. Lau Elementary School）——"我每天都在唐人街玩儿，我一生都在这儿，只有高中是在唐人街外面上的。"14岁的时候，他既不以华人身份为傲，也不感到羞耻，但他感到自己和同学们不一样。他说，他有一种错位感。"在电视上很少看到亚洲人，就算有，也不是正常人——他们在电视里飞来飞去，又踢又打。如果在我们的成长过程中都看不到和我们一样的正常华裔，那我们要怎么才能好好长大？当我们父母的理想和道德观与主流的美国生活方式发生冲突时，我们会感觉更格格不入。"

这种游离在外的感觉在几代人中都有共鸣。"成长在这个社区，你只能看到让你引以为豪的事物和让你感到羞耻的事物。"诺曼告诉我，他记得有一个时代黑人运动和民权组织纷纷兴起，但唐人街社区在很长一段时间里都缺乏自尊和身份认同。"你的父母并不是那么让你骄傲，他们是移民，他们没有钱，结果你就会用各种方式来表达自己的叛逆。"

蒂姆说，他和罗莎在高中毕业后，甚至在全家搬出唐人街后，还继续在唐人街活动，主要原因之一是因为参与社区工作能让他们更了解自己。蒂姆高中时期就读于里士满区的瓦伦堡变通学校[1]，里士满区是一个位于金门公园以北的华裔社区，常常被称作唐人街的卫星城，尽管里士满社区更富裕。蒂姆认为，是唐人街的历史文化项目让他的生活富有真实感，充满意义。"瓦伦堡的华裔小孩比我和罗莎有钱得多，所以他们从来不需要因为照顾小孩之类的事踏足唐人街。他们的爸妈在里士满的克莱门特或者其他地方开店，他们对唐人街和在那里生活的人没有像我一样的感情。"

---

① 美国的一种新式学校，一般规模较小。——译者注

这种深层的连接让蒂姆在时代的拉扯之中保持了定力，"唐人街有太多的历史，这些历史都可能会失传"。蒂姆在瓦伦堡的同学们看不到唐人街的价值，他们觉得那只是个"又挤又脏的地方，有很多推推搡搡的大爷大妈"，蒂姆说，"对他们来说，唐人街仅此而已，只是一个传说中的地方"。

在唐人街的工作也不总是这么鸡毛蒜皮。"蒂姆在斯派克·李的电影里当过临时演员。"罗莎自豪地说。我问道，导演是怎么联系上蒂姆的？"很简单，他让我们带他游唐人街，"蒂姆笑着说，"当他提到自己需要找一些年轻人当临时演员时，我告诉他我能帮他这个忙。"

这时，服务员端来几碗热气腾腾的面条和带汤小馄饨，还有几盘炸素春卷和咖喱鸡饭。"史上最粗鲁服务员"的故事曾让三和餐厅全市闻名，如今只是讲给游客听的趣闻逸事，但这已经是蒂姆和罗莎出生前的事了，对他们来说，三和是个吃便宜面条的好地方，三楼有安静的餐位，而且营业到很晚。他们在这里留下了很多回忆。罗莎边吃边向我回忆起自己带过的一些旅行团，和蒂姆提到的同学一样，他们对唐人街缺乏尊重。"我记得有一次，我告诉他们唐人街是一个混合社区，楼栋的底部是商店，上层住着居民，我指给他们看居民的出入口，他们的反应是：'哦，哇哦，我都不知道人还能这样活。'和唐人街没有感情联系的人只会把这里当作一个景点而已。"

罗莎说，唐人街的历史让她引以为豪。"好吧好吧，有些历史让我骄傲，但另一些历史让我气疯了，"她说着，笑自己的激烈措辞，"唐人街最初存在的原意，就是因为种族主义——人们不能离开这里，这是一个贫民窟，必须靠自己的力量活下来。我为唐人街的历史自豪，如果没有这份自豪感，人们就不会关心这个社区，我想这就是我们和蒂姆刚才提到的同学们的差别。就算人们在唐人街上学、娱乐、生活，如果不亲自去了解这段历史，也只会看到这里肮脏拥挤的环境，一点儿积极的事物都看不见。我父母也是这样，所以我们举家搬到了访谷区（一个位于旧金山南部的华裔社区），我和妹妹都在读高中，我即将升入大学，他们觉得对我们来说唐人街太挤了。但他们仍然离不开唐人街：若他们要买杂货，唐人街的东西更便宜；若他们要去银行，每个人都能跟他们说中文。他们还是很看重这一点。"

罗莎童年时期住在唐人街的单间里，这段经历让她对住房问题产生了浓厚的兴趣。"第一次见到罗莎时，她在伽利略高中念四年级，"简·金是唐人街社区发展中心的前任辅导员，小巷项目就是在她的任期里开始的，"她不是最能说会道的年轻人，风趣幽默、外向热情的导游有很多，但罗莎的讲述非常真诚，她本人就在小巷里长大，这段经历让她的故事更有说服力。住房是唐人街的主要问题之一，罗莎致力于研究这个问题，因为她小时候就住在逼仄的单间里，而她的大多数同学都没有这种经历。"

罗莎已经不再带旅游团，但她还是习惯性地从新吕宋巷抄近路。我们一路上她边走边向我介绍她小时候常去的地方，她最喜欢的面包店，她上过的中文学校（现在已经倒闭了）。我问罗莎，在这样拥挤的环境里长大是什么感觉。她印象最深的童年记忆是在都板街的单间公寓里，公寓里有几百户人家，曲折的走廊像迷宫一样，她就在这样的走廊上和小伙伴们玩捉迷藏和抓人游戏。她和姐姐睡上下铺，爸妈睡在同一个屋里的另一张床上。

"我奶奶也跟我们住在一起，"罗莎说，"我舅舅、舅妈和表弟住在同一栋楼的另一个房间里。非常非常挤，真的连落脚的地方都没有。我记得有一次我坐在地下，因为家里没有椅子，我身边放着一杯水，爸爸警告我别把水杯碰翻，但我还是不小心把水洒了，他生气地对我大吼，我哭了。"她停顿了一下，思索片刻，"这就是我对那种生活的印象。"

之后，罗莎一家人在新吕宋巷找到了一个大点儿的开间，搬出了都板街。罗莎这么一个年轻女孩，在当时不爱洗澡，因为她家没有浴室，只有一个厕所。

"我们和同一层的邻居共用洗澡间，我必须跑到浴室，洗完澡后再跑回家，所以我讨厌洗澡。"说到这里，罗莎不寒而栗，"后来我经常去表弟家洗澡，因为他家有独立的厕所和浴室，能让我有点儿隐私。"

我们来到了新吕宋巷34号，这里是罗莎以前的家，粉红色的建筑上装着一扇沉重的金属大门，罗莎走上前推了一把，门很轻松地被打开了。"这门还是没锁。"她说着，撑住门让我进来。我们站在狭窄的玄关处，环顾四周破破烂烂的信箱——根据旧金山市的法律，唐人街的所有建筑物都要有信箱。距离罗莎从这里搬走已经过去了七年，她说，"这里一点儿都没变"。

我们的声音在楼梯间回响，一位中年妇女从楼梯上走下来，从我们身边挤过去，大门关上。罗莎指着门上的一块木板说，有一次，有人把门的下半截踢破了，大楼管理员用木板临时堵住了洞。这个洞至今都没人修。

我们沿着狭窄的楼梯上楼，罗莎发现楼道灯和楼梯扶手都换成了新的，还有些地方裸露着加固横梁和补丁似的墙漆，看上去像是地震后修补的。罗莎解释道，市政府现在把单间公寓居民界定为无家可归者，这样他们就能获得和流浪汉一样的福利待遇，包括免费食物和交通补贴。一个八英尺乘八英尺的单间（约六平方米）平均租金在350美元到600美元之间[2]。爬了两段楼梯，我们小心翼翼地打开了罗莎故居的通道门。"那里就是浴室。"罗莎压低声音说，指着走廊黑漆漆的尽头，临街窗户对面的一间房。

一条晾衣绳沿着墙面延伸，胸罩和内衣、T恤、内裤的重量把绳子拽得松松垮垮。这根临时装配的干燥装置纵贯走廊，从窗户延伸到防火梯，在那里有更多的塑料衣架在微风中嘎吱作响。每一个单间门口都有堆成摞的鞋子，漆黑的走廊尽头，一辆儿童三轮车孤零零地放在那儿，一堆成人拖鞋的海洋上，浮动着一双粉色的Hello Kitty小运动鞋。

罗莎认出了她住过的那间房，她用手臂从外面比画着房间的大小。"我和姐姐的双层床大概是这么长，留出一点儿空间供我们走动。"她描述着房间的布局，好像能透过墙壁看见里面一样。单间公寓的宽度差不多和她伸展双臂，再加上一臂一样长：不到八英尺（两米出头）。

"我们后来搬到了走廊另一边的大房间，居住条件好多了，因为这间房子有独立浴室，"她一边说，一边比画着另一面墙，勾勒出客厅、卧室、厨房的布局，"客厅，卧室，走廊。"

"我们最终穿过大厅搬到了这个单元，这里好多了，因为它有一个浴室，"她说，指着另一面墙，用手勾勒出客厅、卧室和厨房的布局，"这里是客厅，这边是卧室，厨房在一边，跟这个走廊宽度差不多。妈妈把我们的书桌放在厨房里。"她笑了起来："我们在厨房和浴室里学习。浴室是干湿分离的，一道门把厕所和浴缸分开，所以洗澡的人和上厕所的人互不影响。"

一对老夫妇从一间房里走出来，推开楼梯间门时他们盯着我们看。另一个男人走进走廊："你在找房住吗？"他用广东话问。

"没有，我们不找房。"罗莎缩了缩头。我们走向楼梯，回到外面的世界。

我问罗莎她还想不想住回唐人街，她说有可能吧。唐人街是她生活的中心，住回来会很方便。"但我现在能负担得起别处的租金，可能就不会再回来了。"她若有所思地说，"因为有人比我更需要住在这里。"

旧金山唐人街孩子们的生活折射了美国内城的困境。公寓楼破败拥挤，贫困司空见惯，家长经常工作到深夜，这些因素都榨取着人们的活力。但唐人街也从繁荣的街头生活和邻里关系中受益，变得比从前更干净、更安全。

像唐人街社区发展中心和金美伦堂这样的社区项目都想唤醒年轻人们的社区意识，避免年轻人流失，因为他们才是带动社区变革的生力军。"唐人街太分裂了。我们有四个商会，155个家族协会，大家各自为政，有时候很难达成统一战线，"诺曼说，"但年轻人不一样，他们有超越利益团体的能量，让唐人街的孩子们参与进来真的很重要。"

"保护小巷"的例会由孩子们自己主持，每月的第二个星期五，组织里的大约15个核心成员都会聚在一起，讨论下个月的工作重点。在最近的一次会议上，他们决定下个月展开清理涂鸦活动，在周日举办一场面对廉租房居民的健康安全教育讲座，以及一场以"弥合代沟"为主题的活动——这一系列活动由蒂姆在2002年发起，他说，唐人街的很多老年人跟不上时代的发展，学生们能给他们带来"新鲜的能量"。

"上一次我们玩了宾果游戏，爷爷奶奶们玩得很尽兴，"罗莎说，"我们在一元店买了很多小玩意儿当奖品，有保鲜盒、杂物袋、蔬菜沥水器、浴室置物架，都是好东西。"她邀请我下次活动跟着一起参加。

周三下午，我来到了百老汇街777号，房间里一片雀跃，这次的活动主题是折纸。大约30位老人把五张长桌占得满满当当，有20名学生在教他们把纸折成各种各样的形状：仙鹤、青蛙、爱心、花朵，还有可以折叠的小纸盒。卡门是一个自信满满、声音甜美的高二女生，看上去16岁多点儿，她用粤语宣布了下午的活动计划，之后，穿着蓝衬衫、有点儿害羞的男孩达尔文又用英语重复了一遍同样的内容。听众们的讨论声几乎把他的声音淹没了，达尔文的爷爷——一位戴着棒球帽的老人——也是这栋楼的居民，徐徐踱步进来跟他打招呼。

刘太太一头白发，身着紫色佩斯利花纹衬衫，外面套着颜色相衬的羊毛外搭，坐在她对面的女孩名叫莎拉，留着刘海，做了斑马纹美甲，身材纤瘦。莎拉是新来的，说话三句不离自己的朋友温蒂和安吉丽娜。"我女儿也叫莎拉！"刘太太喜洋洋地用粤语说道，手中转动着一枝粉色的折纸百合。莎拉羞涩地笑了笑，帮刘太太折好了花，卡门则在另一边给一桌子老人做示范。

老人们欢欣雀跃，毫不夸张地说，每个月一次和年轻人们相聚的日子是他们最珍重的时刻之一——虽然他们不会主动承认这一点。我看到90岁的谢奶奶折了一个很复杂的粉红色爱心，"看看我折得多漂亮！"她说。我把爱心摆到她的胸前，她笑了起来。她80岁的邻居陆夫人祖上是中国人，1979年从越南来到美国，陆夫人告诉我她今晚会做蔬菜和鱼，邀请我到她三楼的家中吃饭。

"我们喜欢年轻人，"她用粤语说，推了推眼镜看着我，"他们每个月都来，你知道的，我们也没多少地方可去，他们来看看我们、跟我们聊聊天挺好的。"

两个小时后，我问卡门教得怎么样了，她竖起大拇指，脚一踮一踮的。"我们终于做成了，但是轮到下一组的时候我教了个简化版。"她咧嘴笑着说，戏剧性地翻了个白眼。她说，当看到"其他组都折好了，但我们一个都没做成"时，她感觉很不好。

归根结底，唐人街的孩子们是这里的主人，他们正一点点地找回归属感。杰弗里是个很机灵的男生，英语和普通话都说得特别溜，他和朋友们对话，练习稍显生疏的粤语。罗莎记录了几个第一次参加活动的学生的电子邮箱，鼓励他们来参加一年一度的集体露营活动，增进彼此的了解。"真的很好玩，你应该参加！"她说得相当笃定，因为她自己也参加过好几次。

另一边，几个孩子凑在一起玩任天堂DS Lite游戏机，"这跟Game Boy差不多，但是要更酷。"一个名叫布莱恩的男生向我解释道，他们在联机对战。我收拾东西的时候，布莱恩和另外两个女孩——一个叫奎娜，一个叫唐娜——招呼罗莎来加入他们的三人对战，"好吧好吧，只打一局哦！"罗莎说。罗莎冲我挥挥手，示意我去忙自己的，她从唐人街的新任小领导变回了普通的孩子。我离开时，孩子们还在大呼小叫。

后来罗莎告诉我，尽管项目负责人对她来说是个新体验，但唐人街还是那个唐人街。"我还不知道未来在何处，但我肯定会时不时回到唐人街。"她说。唐人街是她的根，"就像诺曼一样，他一直在我们身边"。

唐人街之行

图片来源：徐灵凤

第 *3* 章

# 拖家带口
## 家族式移民没那么简单

对于美国人来说，唐人街是家门口触手可及的异国情调。沿着华盛顿街，在卡尼街的交叉路口转弯，就把泛美金字塔和城里的办公楼抛在了身后，迎面而来的是朴次茅斯广场的喧嚣。在布什街转向都板街，联合广场附近随处可见的咖啡店消失了，取而代之的是唐人街满地都是的纪念品店。穿过唐人街大牌坊，就进入了一个完全不同的世界——无须出国，可以听到身边的人在说外语，可以参观历史悠久的寺庙，甚至能在街上以物易物。人们来到唐人街，期待着在狭窄的小巷里和鱼市上发现一些"与众不同的东西"，在这儿逛上几个小时，再匆匆离开。但唐人街里的居民不会逛那么多地方，可能只需要在出门时顺路买点儿便宜的日用品，就能过好每一天了。

每天都生活在这个四四方方的街区里，再奇妙的街景都会变得司空见惯，华而不实的中国风装潢很快就让路给实用主义。唐人街远比游客能看到的更有深度——手机店下面是幼儿园，餐厅上面是亲戚家的公寓。熟人在街上喊你的名字，问候你姑妈身体还好吗，告诉你街角杂货店卖的樱桃熟了可以吃了（尽管我也经常去店里，但是店主完全没给我这个待遇，只是皱着眉头让我别挑挑拣拣）。与此同时，唐人街有自己的边界，随着中文广告牌的消失，唐人街生活止步于街区的边缘。

28岁的陈太太住在唐人街，四年前，她和丈夫一起从广东台山（台山市旧名为新宁，位于珠江三角洲的西侧、南海岸边，是岭南著名的侨乡）搬到了美国。每周一周四早上11点半，她都带着孩子步行三个街区去企李街上学前课程。我俩约好在一个星期一见面，谈谈新移民在唐人街的生活。

陈太太嘴唇丰满，面带笑容，声音深沉而洪亮，一开始她很害羞，但当我问起她的小孩，她一下子就热络了起来。大家都认识她的两个儿子，七个月大的爱德华——面颊红润，被装在格纹婴儿背带里——和三岁的大卫，一个嘴停不下来的机灵小男孩，笑起来跟他妈妈特别像，总是穿着那条他最喜欢的军装裤子。我第一次见到大卫的时候，他躲在桌子下面咯咯笑。那天，我用蓝色的彩纸帮他做了一只蝴蝶，还用铁丝做了两根触角。

在搬进唐人街之前，陈太太和丈夫住在访谷区的亲戚家。比起访谷区，这里的生活更方便，可以步行，也可以乘公交，可以每天买杂货，不用每周做好采购计划。人们都会说粤语或者台山话。这里也有她在台山的旧日好友，她刚搬过来不久就在街上遇到了台山的老熟人黄太太。如果她想带孩子去公园、图书馆、医院，都能在家附近找到合适的去处，而且都是街坊邻里亲自推荐、有口皆碑的。

美中不足的是房子太小，陈太太把他们居住的一居室比作"狗圈"。她说，她在台山有自己的房子，旧金山比台山大得多，却没有足够的空间让居民生活。唐人街的路面很脏，她觉得街上越堆越多的垃圾是小店主的错，"他们自制力太差"，她不无遗憾地说，模仿了一下随手扔垃圾的动作。她已经逐渐适应这里的新生活，但她不会说英语，这是目前为止最大的难题。

她是为了家庭才搬到美国的。陈太太的婆婆在唐人街住了11年，一直想让儿子和儿媳也搬过来，婆婆一手操办了他们夫妇俩的移民手续。但陈太太的父母、兄弟姐妹们都还在台山，她是唯一一个移民到美国的，她很想家。

她在唐人街的日子一成不变。早上7点，丈夫出门上班——他在旧金山南部戴利城的一家中餐馆当点心师傅——而她留下来照顾家里的两个小儿子，购物、打扫卫生，并和黄太太一起逛公园。她有时候也想搬回台山，但她已经被唐人街驯服。短短几年，这里已经变成了她的舒适区。"孩子们都是在美国出生的，"她说，"他们已经习惯这里的生活了，我们还是留下吧。"

新移民初来乍到，大多都在餐馆和工地上干活。"最大的障碍是语言。"侯默·滕是聚乐家庭资源中心的顾问，陈太太参加的学前课程就是他们举办的。在旧金山处在工作年龄、英文说得不好的中国居民中，有三分之二的人年收入不到两万美元[1]。侯默解释道，很多新移民在餐饮业、服装业、建筑服务行业打工，一天工作10小时，每周工作六天。他说，即使是在中国，他们也大多是文化水平有限的蓝领工人。"大多数来这里的人是由已经在此定居的家人赞助的，"侯默说，"很多人对美国的生活、居住条件、工作环境有不切实际的期待。唐人街是他们的舒适区，待在这里就好像还在中国一样，但如果想未来有更好的发展，还是得更加自给自足。"

自第一批华人移民加州已有一个半世纪，唐人街依然是新移民的门户，也仍然是老移民的避风港，他们大可在这16个街区内安度一生。教育水平高的海外华人会绕过唐人街选择硅谷，但经济不好的移民需要它。他们大多不会说英语，唐人街的所有服务都能以中文提供。事实上，在唐人街生活了30年的人，英语不一定比新来的人好，他们可能永远找不到时间学习。对于今天的工人阶层新移民来说，唐人街的大门是镀金贫民窟的入口，它有它的好处，但也可能让人失望。

"发现唐人街的居民其实很穷，外面的人总是很惊讶，"诺曼说，"这不符合主流观念对贫穷的定义，穷人的面貌不该是亚洲人，但很多家庭确实挤在狭小的公寓、开间、政府安置房里，过着沙丁鱼一样的生活，这些房子里不该挤这么多人，但他们只能负担得起这个。"一天下午，我们走过附近的几栋廉租公寓，我看到老人住在九平方米见方的小房间里，房间里挤下了一张双层床，每个角落里都塞满了衣服、照片和其他杂物，这一切都笼罩在夹在床头的小灯发出的微光里。我们走到了平园，这是一个位于唐人街北部的大型政府安置房，身边行人和车辆川流不息，诺曼告诉我，经常有人问他为什么如此留恋唐人街的生活，明明他已经不必再住在唐人街。

"如果人们把唐人街看作一个移民门户或者是中转站，人人都想搬到外面的漂亮房子里——对移民们来说这也合情合理——那唐人街就会变成贫民窟，没有人在乎它发展得如何，"他说着，叹了口气，"我们过去做得不好，我们不尊重自己的社区，我们正试图扭转局面。但在某种程度上，现在唐人街的情况比五六十年代更紧张，因为人口增加了。"他停下来和一对路过的父子打招呼，"看到这些新移民，我就想到了我的父母。"

在过去的40年里，美国唐人街的人口结构变迁折射了从单身男子移民到以家庭为中心的移民方式的转变，社会学家称之为"连锁移民"。这一巨大变化得益于1965年的《移民法案》[2]，新法规鼓励家族团聚，结束了对华人的移民歧视。在此之前，由于美国对中国移民的限制极其严苛，纽约和旧金山唐人街开始逐渐萎缩或停滞不前。移民陆续进入美国，但想要获得合法身份并不容易。1965年是一个转折点[3]，《移民法案》的松动让唐人街重新焕发了活力，人们得以移民到美国和家人团聚。1965年后的繁荣中，一批学生和高教育水平的职业人士迁入美国，他们中有来自中国内地、中国香港、中国台湾的中国人，也有越南战争后寻求庇护的东南亚华裔。唐人街因这扇敞开的大门而得以幸存，1960年至1970年间，美国接收了大约10万中国移民，1990年到2000年，又有超过50万人迁入。连锁移民现象是当前美国移民政策争议的核心：反对者认为，应优先考虑以技能为基础的移民。旧金山唐人街的居民仍然以来自广东省，尤其是来自台山的移民为主，先迁入唐人街的人会办好移民手续，把其他家庭成员也接来，整个唐人街社区可能都是这么来的。

这样一来，像陈太太一样在唐人街街头邂逅老朋友就不奇怪了。"有一天，我正在企李街上走着，突然就看见了我在台山的老朋友黄太太！"她说，"她正带着大女儿去上中文学校，在这儿跟她重逢我真是太高兴了。"陈太太在美国没有近亲，唐人街就是她的大家庭。

她每周两次的学前课程也是这个大家庭的一部分。聚乐家庭资源中心隐藏在斯托克顿街拐角的半地下室，夹在一家中药铺和一家兼作发廊的按摩店之间，这里经常有新移民光顾，收入不高的父母会让小孩在这里上有补贴的日托班或者学前班。虽然在地下室，聚乐中心内部却很有现代感，灯光很亮，墙壁刷成淡蓝色和黄色，办公区域也可以作为游戏区，散落着五颜六色的积木和幼儿用的小桌椅。

为了让新移民更好地融入社区，聚乐中心会先让这些年轻的爸爸妈妈接触唐人街以外的环境，因为语言障碍，他们很少离开唐人街。"他们对外界知之甚少，只知道'有个很好的学校，谁谁谁家的孩子就在那念书'，"聚乐的资源专家莫妮卡·吴告诉我，"这里很封闭，很多人不敢走出唐人街。"

我在聚乐观察了几个上午，弄明白了这些妈妈需要跟小孩一起上学，因为她们还不能工作——如果她们有了工作，她们就不能享受政府的日托补贴，而她们的工资不足以填平这部分差价——她们被困在了社会和经济的牢笼里。她们的就业选择也有限——也是因为语言不通的原因。像聚乐这样的学前教育课是她们了解美式教育的重要途径，学习英文字母表，学习简单的英文、粤语歌曲，学习如何与两三岁的孩子玩耍相处，让她们为将来在美国生活做好准备。

陈太太说，如果她有幸能把两个孩子都放在日托班里，她就打算学英语，方便未来找工作。"对我来说，有工作会更好。"想到未来的计划，她脸上的表情变得生气勃勃。

与陈女士见面后不久，我在新侨服务中心参加了ESL课程，这是专门教以英语为第二语言的学生的英文课程，上课的地方位于聚乐中心以南三个街区的斯托克顿街隧道前。这门课为期三天，老师名叫钟易（音译），她来自北京，是一位目光机敏的年轻女性。她随意地穿着灰色毛衣和宽松牛仔裤，言行举止都显得很干练且高效。在黑板上写字的时候，她的碧玉手镯在手腕上上下翻飞。和陈太太一样，钟易已经来美国四年了，但和来自中国南方工人阶级的陈太太不同——在来美国之前，陈太太在餐馆工作——钟易来自中国首都，受过高等教育。她说普通话，在旧金山州立大学获得了英语硕士学位，之后兼职在该中心任教。

即使是在ESL课上，移民的地缘和经济差异也很明显。课上超过一半的学生是用台山话聊天的中年男女，这八个人坐在同一张桌子周围，对侧的桌边坐着另外六人，大多是年轻女性，都用普通话交谈。开始上课，大家的目光都转向了钟老师，课堂上学生们一边把基本的英文短语抄在笔记本或纸上，一边在嘴里念念有词。

"早上好！"

"你叫什么名字？"

"你来这里多久了？"

钟老师鼓励学生回答问题。一位台山女性大喊："八个月！"另一个穿着棕色外套的女性用普通话更轻柔地回答道："一年零八个月了。"

钟老师问穿棕外套的学生英语说得怎么样，她说，"说得不好"。

"为什么呢？"

"因为我不出唐人街。"她回答道，一边笑一边和坐在旁边的朋友交换眼神。

钟易和他们一起笑了起来，然后在黑板上写道："我们在英文环境中。""这就是中国人喜欢旧金山的原因，"她用英语说，"即使你不会英语，你也可以在这个城市生存——尤其是在唐人街。"她解释道，虽然我们都是中国人，但我们得学习美国人的学习方式，她鼓励大家提出问题，如果他们有听不懂的地方就大声说出来。接着是一阵尴尬的沉默。

课程又继续了一个小时。课上涉及的话题多种多样，有工作面试（"告诉他们你正在学习英语"）、电视真人秀（"看看美国偶像这样的电视节目能提高英语水平"），以及如何在麦当劳点餐（"我想要一号套餐"）。当她鼓励学生"练习"点餐时，我不禁想到，经常在麦当劳吃快餐对他们的健康可没好处。我身边坐着一位年轻妈妈，她带着孩子来上课，显然渴望得到一点儿陪伴和交流。"你来美国多久了？"她用广东话问我，语气充满希望。不管是好是坏，她已经开始接受美式教育了。

在某些方面，陈太太已经是一个典型的美国人了。她在开市客买尿布——她丈夫休假的时候，他们会去亲戚家串门，或者去旧金山南部戴利城的商场——给孩子穿Old Navy牌的衣服。她后兜里插着一个亮晶晶的粉红色手机，上面挂着小熊维尼吊饰。尽管她英语会得不多，但她的谈话中充斥着"Hi"，"OK"和"Thank you"。前几天，一个男人问她在哪儿能买到给孩子看的流行CD，"他说话很慢，我都听懂了，"她用粤语说，"但我不知道怎么回答他，"她笑了笑，无奈地摆摆手，"我不会用英语说。"

尽管像陈太太这样的新移民在努力融入美国主流，但在美国出生的华人，或者叫"ABC"（American-born Chinese），与那些新移民，也叫"FOB"（fresh-off-boat），之间存在着鸿沟。旧金山中华文化中心主任萨宾娜·陈告诉我，他们才刚刚开始研究这种差异[4]。就在最近，他们组织了年龄相仿的在美国出生的华人和在中国出生的华人，在唐人街举办了一场史无前例的讨论会。

萨宾娜说，在湾区华人社区这个"大家庭"中，移民身份、语言、阶级和文化适应问题造成了巨大的代沟，"但我们都自称中国人"。她说，尽管问题多，答案少，但很多人——从唐人街到硅谷的华人，从第一代移民到第二代移民——都想参与对话。

"第一代移民把ABC当成半贬义词，而第二代移民则抵触FOB，"萨宾娜说，在培养孩子的问题上，语言和文化是最重要的，"对于第一代移民来说，让孩子说一口地道的英语很重要，但从实用角度考虑，他们也希望孩子会说中文，因为中国是一个正在崛起的大国。而在美国出生的华人会犹豫，我们到底想让我们的孩子接受什么样的教育——是去上沉浸式汉语学校，还是上双语学校？——我们不想让孩子断了中国文化。有很多这样的讨论，更像是一种怀旧情绪。"

我问萨宾娜，ABC和FOB有没有往来，她说这是一个好问题，但很难回答。"为唐人街新移民服务的人中有ABC，但除此之外两拨人基本没有交流。新移民要么是走亲属团聚的途径，要么就是靠工作签证拿到身份，但这两者也有很大的区别。"她说，靠工作拿到身份的移民往往更富有，和美国前几代华人移民基本没有联系，"如今的硅谷一代都是高技术移民，说普通话，不像家庭移民和唐人街那么密不可分。连锁移民来的人往往有更深的根基。对于很多唐人街的组织来说，如何和唐人街以外的华人社区取得联络是一个问题。"

唐人街的存在引发了一个有趣的悖论。中国人在这个国家取得了巨大的成功，尽管在很多方面已经适应了美国，但唐人街依然存在，它仍然是某类移民在美国落脚的第一站。ABC和FOB都认同中国文化，这个共同点也许可以解答这个悖论。种族特征是新美国人身份认同的一部分——美国的理想形象已经不再局限于以白人为中心的模式。形形色色的华裔美国人送他们的孩子去上中文学校，在中国超市购物，读中文报纸，和中国的亲戚保持着联系。对很多人来说，唐人街是中国移民留下的最直接的遗产。

对外来者和游客来说——其中也包括和唐人街交集不多的华裔——来唐人街是为了追求原汁原味的中国体验。对陈太太和像她这样的新移民来说，外来者是社区的一部分，这个社区不断扩张和收缩，就像一个会呼吸的、活生生的东西。

一个周五早上，聚乐中心外集合了40多个人，里面有小朋友，还有他们的爸爸妈妈、爷爷奶奶。一辆黄色的大校车载着他们向北驶过金门大桥，驶向梅森堡的儿童博物馆。他们中的很多人都是第一次穿过这座著名的锈红色的大桥，当车子驶过大桥，孩子们都凑向车窗，大人们指指点点，车厢内气氛热烈。"一旦出了唐人街，他们看什么都新鲜，"其中一位负责人凯伦·何对我说，"这些都是唐人街里没有的。"

鉴于唐人街在游客中的人气并不比金门大桥差，我感到了一丝讽刺意味。在我们最后一次谈话时，我问陈太太对每天上门的游客有什么看法，她告诉我，她很想知道这些人为什么要来。"唐人街有什么特别的？"她说，"这是我住的地方。但是每当走出家门，我都看到这些兴致勃勃的游客。有什么好兴奋的？不知道他们看出什么花样来了，真想知道是什么风把他们吹来的。"

我问她最喜欢唐人街的哪一点，她想了一下说："这里的饭很好吃，肯定比我老家的饭菜好。"唐人街和金门大桥都是游客区，但在唐人街的市场和餐厅里，游客和本地居民凑在了一起，对于在这里与世隔绝的新移民来说，这种因缘际会难免有些心酸，但这也是一个难得的与外界分享的机会。在唐人街，这种内外的互动与旧金山本身一样古老。

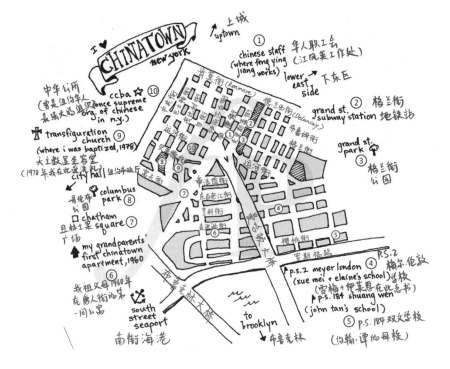

纽约，服装厂工人抗议血汗工厂 | Mario Tama

图片来源: Getty Images

# 第4章

# 城中城

## 唐人街工业改变了纽约

住在曼哈顿的时候，这座城市永不停歇的工业从未让我失望过。没有哪个地方比唐人街更直接地把纽约这门生意做到你面前，从成捆的芥蓝、成摞的松饼到山寨的钱包和印着"I ♥ NY"的纪念T恤衫，统统沿街出售。华人一直以来都是实业家，纽约唐人街必定要成为他们做生意求生存的主要阵地。到了1920年，40%的美国华人生活在旧金山和纽约[2]，种族主义让他们无法在小城镇栖身，只能迁移到大城市的唐人街。他们接受了白人世界留给他们的仅有的工作，在洗衣店、杂货店和餐馆打工。华人社会建立了自己的内部网络，有家族协会，也有同乡会，新移民可以通过这些组织找到工作和住房，甚至开设银行账户、开始做生意。联系到这个背景，当再次回到曼哈顿，我开始研究唐人街历史上最大的生意到底是什么。唐人街一直以与世隔绝著称，意料之外的是，我发现这里的产业与外界大城市的财富和劳工斗争如此紧密地联系在一起。

以服装为例。几代人以来，纽约生产的衣服比美国其他城市都要多[3]。整个20世纪，时尚产业一直是曼哈顿最大的制造业，移民劳动力是产业的支柱。在纽约岛上各个街区的缝纫店里，一拨又一拨的德国人、意大利人、犹太人、波多黎各人、中国人和其他移民纺出了一座城市的肌理。

如今，曼哈顿仍然是美国的时尚之都[4]。尽管大部分服装生产都陆续转移到了岛外，但时尚仍是最大的制造业，它们大多集中在市中心的时装区，还有——你肯定想不到——唐人街。妮可·米勒（Nicole Miller），马克·雅各布斯（Marc Jacobs），奥斯卡·德拉伦塔（Oscar de la Renta）等大牌仍然在曼哈顿制造服装。唐人街服装产业的兴衰反映出华人劳工和外界联系得如此紧密。事实证明，唐人街并不像人们想象的那么孤立。40年前，唐人街就成了维持美国服装业发展的重要支柱，而我的外婆曾秀叶就是唐人街众多从事服装业的女性中的一员。我理应从她的故事开始讲起。

据"婆婆"（粤语里外婆的叫法，后统称外婆为婆婆）说，她在唐人街的生活始于1960年。当时她和我公公（即外公）带着五个孩子里的三个，搬进了麦迪逊街86号一栋褐色排屋里的破旧三居室。他们和同一层的邻居共用走廊里的浴室，那间浴室脏得让人不敢用。他们没有冰箱，所以我的婆婆把做晚饭用的菜都放在防火梯上。租金每个月80美元。从公寓往东走，他们的生活区域围绕着曼哈顿大桥展开，这座桥横跨东河直至布鲁克林，在他们头顶上若隐若现。

和当时涌入纽约的其他移民一样，我的外公外婆在20世纪40年代离开中国内地。他们设法从台山乡下的稻田来到广东省的省会广州，又从广州到香港待了七年，等待着移民美国的时机到来。那时的香港还没有崛起成为商业中心，1950年到1960年间，香港的大部分人口是农村地区来的难民（约有300万人），他们没有工作[5]。我的家人靠外曾祖父寄来的钱为生，彼时他已经在纽约的一家洗衣店打上了工——他买了别人的身份文件，成了"纸生仔"。在《移民法案》放宽后，我外祖父母终于能带着孩子去纽约了——但是移民律师觉得五个孩子太多了，所以他只为其中三个孩子起草了文件。我妈是家中老大，她和老二罗莎娜姨妈留在了香港由亲戚照顾，不知道什么时候一家人才能团圆。

婆婆告诉我，到美国后她急需一份工作，在香港那种仰人鼻息的感觉一直折磨着她。她几乎是刚一落地就进了唐人街的一家服装厂和我的外曾祖母一起工作，从剪线头做起，逐渐成为一名裁缝。这样的裁缝店在唐人街还有好几家，上一批意大利和犹太移民劳力上了年纪，唐人街开始从市中心的时装区接做衣服的活计。劳动力短缺的同时，美国纺织业开始感受到海外制造商带来的竞争压力，削减成本也是当务之急，在这种情况下，纺织业的中心开始从曼哈顿向唐人街转移，唐人街的地皮和劳动力都更便宜，新移民为了找一份工作可以接受很低的薪水。我婆婆的厂子里，所有裁缝都是女性，而且几乎每个人都是广东移民，都会说广东话或者台山话。只有几个男工人负责搬运布料和打包做好的衣服。我的婆婆是个善于交际又健谈的人，很快就和坐在她缝纫机旁边的女人交上了朋友。

她们的收入取决于她们能做多少衣服——一个新手每周连100美元都赚不到。大多数人一周能拿140美元到250美元。工作量随着时装发布季而波动，有时候她们能早早回家，有时候得全天工作来赶订单。旺季时，老板把厂子门关上，女工们悄悄地工作到深夜，她们不能交谈，以免引起当局的注意。婆婆说，中国人开店没有加班费。"老板问谁想加班，想加班的就留下来，"她实事求是地解释道，"我们当然想加班，不加班就没钱，没钱就没饭吃。"

她在一堆乱七八糟、色彩斑斓的衣服里忙成一团，袖子、衣领、裤腿，成堆成堆地送过来，她把这些半成品缝在一起，好让商家拿去卖给顾客。为了提高效率，工厂后来引入了流水线系统，把女工们划分为各个部门，婆婆在拉链、纽扣、腰带部门干活。"这生意分好多环节——布料在北边切好后，我们在唐人街把布料缝起来，"她回忆道，"他们从来没告诉过我们接下来衣服去了哪儿。"

工厂和家之间有四个街区的距离。尽管这个家很穷——婆婆笑着告诉我，我舅舅五岁的时候，有一次注意到家里天花板上因为长期漏水长出了鼓包和裂缝，舅舅伤心地问她："这就是美国吗？"——但这三个孩子可以免费上公立学校，甚至念到大学，而在当时的香港，没钱是不可能念书的。

他们的日程很固定。上班之前，婆婆把我的舅舅和两个姨妈送到P.S.2[①]——家附近的梅尔·伦敦学校。下午下课铃响起，婆婆在校门口接他们，然后再步行回家。"服装厂老板是个好人，"她说，"他允许我们工作中休息去处理家事。"听了外婆讲述的这些细节，我为不同城市唐人街之间的一致性和几代人生活方式的共同点而感到震惊。40年后，在美国的另一边，陈太太的生活和我外婆的生活遥相呼应，无论是在纽约还是旧金山，无论是在唐人街成立之

---

① 纽约的公立小学一般以学校编号代称，这些编号也叫 "PS 编号"。——译者注

初还是现在，唐人街的生活都是那么方便：社区里各种服务应有尽有，校园和工厂步行可达。

理所当然，我对外婆最早的记忆就是她坐在缝纫机旁边。小时候的周末去皇后区法拉盛看望外公外婆时，我有时会在外婆卧室里看她给裙子锁边，给裤子穿松紧带。她的手指在布料上上下翻飞，眼镜在台灯下闪闪发光。1972年，外婆为我妈妈缝制了婚礼上的婚纱，这件婚纱由光滑的绸缎制成，像仙女身上的裙子一样复杂精美。在我的整个少女时代，我妈妈一直把这件婚纱挂在我衣橱深处。尽管我已经没可能穿上它——我六年级的时候就比我妈妈高出了半英尺（约15厘米）——我还是喜欢这件工艺复杂的长裙，惊叹外婆的手艺如此高超。所以当外婆告诉我她是厂子里出活儿最快的人时，我一点儿也不意外。

最近我问她，在工厂干活的日子是不是很艰难，她的回答决绝得让我惊讶。"长久以来，我们一无所有，"她说，"在香港，我们没有工作，没有钱，终日无所事事，但在工厂里，身边的每一个人都是我的朋友，每个人都很高兴能有这份工作。来到这里之后，我们简直不敢相信我们有谋生的自由。我们不觉得辛苦，只觉得幸运。"对她来说，这个问题的答案再简单不过。哪怕已经过去了50年，在广州和香港的艰难时日仍然影响着她对美国的看法。她忍辱负重、保持沉默的哲学是这一代唐人街移民所共有的——旧金山历史学家胡垣坤将他们这代人定义为"保守、孤立，不愿轻举妄动"。

外婆在1965年的移民潮开始前不久移居唐人街，移民政策进一步放宽后，我妈妈和罗莎娜姨妈离开了香港，到纽约和家人团聚。移民潮让美国的亚洲面孔更多了——恰逢曼哈顿服装业劳工荒，新来的移民趁势进入唐人街遍地开花的服装厂，刚好填补了劳动力短缺。

从20世纪60年代末到80年代初[6]，时装区的工作岗位数量锐减了40%，但在同一时期，唐人街缝纫工人人数从8000人激增到20 000人。唐人街服装业为纽约市经济做出了巨大的贡献[7]，历史学家鲍小兰曾用十年时间采访纽约制衣女工。据鲍小兰给出的数据，到20世纪80年代初，唐人街服装厂每年的产值达到了1.25亿美元。

换句话说，不仅中国人需要唐人街，纽约本身也依赖唐人街。虽然单个服装厂的规模不是很大，但一家又一家工厂联合起来足以聚沙成塔。裁缝店遍地开花，深刻地改变了唐人街——中国老板雇用了数千名中国女性，唐人街的边界扩展到了下东区和小意大利旧工业区和阁楼里，为了满足突然增加的人口的需求，当地的中餐馆和杂货店也越开越多。在纽约时尚产业的带动下，唐人街的经济蓬勃发展。

我外婆既不知道也不关心她做的衣服最终去了哪里。尽管有一些工艺复杂、质量更高的订单需要花更多的时间和精力，但她尽职尽责地完成了自己的工作。外婆从不抱怨，但她是聪明人，能看透这份工作的剥削本质。

"他们当然不会告诉你这些衣服卖到哪儿去了，"她扬起眉毛说，"因为那样你就会问，'你们为什么卖了这么多钱却只付给我们这么点儿？'"

到20世纪80年代，服装业和餐饮业已经成了纽约华工的两大去向[8]。事实上，唐人街已经变成了一个大工厂。小作坊多年以来的野蛮生长和超时工作制度导致了劳工滥用，工人们的权利意识开始觉醒。工厂主和工人之间那种家人似的团结友谊消失了，工厂之间的恶性竞争一再拉低工人们的薪水。1979年，一部分餐饮和服装工人成立了一个激进的工会组织——华人职工会。在过去的30年里，华人职工会为来自不同行业、不同种族背景的工人提供了法律援助来改善他们的工作环境。在唐人街，餐馆老板霸占服务员的小费一度很猖獗[9]，但现在已经很少见了——2007年，得益于华人职工会的组织，餐厅服务员们在一起关键案子中胜诉，法院宣布老板不得占用小费，并判处老板赔偿给员工70万美元。但服装行业的斗争来得更艰难。

一天下午，我在靠近曼哈顿大桥和运河街交叉口的一间拥挤的单间办公室里见到了华人职工会联合创始人林荣（Wing Lam）。20世纪70年代，林荣在一家制衣厂当熨烫工人。隔着一张堆满法律文件和抗议传单的桌子，林荣告诉我，到1980年，唐人街的管理阶层和工人之间已经出现了嫌隙。"1965年之后，中国人用了10～15年当上了自己的老板，"他说，"这些老板不尊重工人，开起了血汗工厂。工人们不能休息，没有自由，他们终于意识到必须要做出改变。于是工人们揭竿而起。"华人职工会成立三年后，两万名唐人街服装工人在纽约举行了大规模罢工[10]，迫使纽约所有的华人服装厂与纺织工会签署协议。

　　我外婆在唐人街的服装厂工作了30多年。1992年，她退休后搬到了长岛，帮忙照顾我刚出生的表弟贾斯汀。工会每月会给她发104美元的退休金。她很感激唐人街在她初来乍到时为她提供的庇护——一个家，一份工作，一个能听到家乡话的社区。当她别无选择时，唐人街接纳了她。我的外公外婆依然会定期回唐人街购物或者参加活动，他们还在中文电台上听新闻，但他们和唐人街的日常联系已经日渐稀薄。他们每天看中文报纸，报纸上的新闻不是这个邻居去世了，就是那个熟人搬家了。服装厂老板的妻子几年前搬到了芝加哥和儿子一起住，她仍然会从芝加哥给外婆打电话，每次都问同样的问题："唐人街有什么新消息？"虽然外婆还在关注唐人街，但已经不再身在其中。她告诉我这个问题她已经没法再回答了。

但唐人街服装厂的故事还在继续。外婆退休搬到长岛的那一年，46岁的江凤英抵达了唐人街。她来自福建省省会福州，福州地处广东省以东，与台湾隔海相望。搬到纽约的第二天，她就开始在市中心的一家华人制衣厂工作。

江凤英是纽约唐人街新一拨中国移民中的一员，他们大多来自福建省。在过去的15年里，福建人在东百老汇自立门户，建立了一个独立于广东移民的自给自足的新居民区，这个新唐人街距离我外婆的第一个家仅有一个街区，沿着唐人街东部扩张。不同的方言让广东人和福建人难以沟通，很多福建新移民是非法入关的，有的人刚一进美国就欠了偷渡他们进来的"蛇头"数万美元。1994年，一艘名为"金色冒险号"的走私船半夜在皇后区搁浅[11]，船上载有近300名非法移民，大部分来自福建。有10个移民在试图游到岸边时溺水身亡。这起震惊纽约的丑闻是福建移民激增的标志性事件，唐人街的生态开始在新移民的影响下发生改变。

冯洁是华人职工会的组织人，负责处理和服装厂工人有关的劳动纠纷，她告诉我，服装行业已经产生了一些变化。她向我解释，广东人和福建人之间的区别很简单：大多数广东人是有身份的合法移民，而大多数福建人是最近才来到美国的非法移民。对服装厂来说，劳工的身份很重要。

　　冯洁一开始是华人职工会的志愿者，2005年她加入工会成为一名正式员工。"根据移民法规定，偷渡进来的移民属于罪犯，"冯洁说，"按道理来说，老板不应该雇用非法移民，然而矛盾的是，法律一直在姑息，甚至鼓励老板们雇用没有合法身份的工人。老板们会告诉工人：'你们最好乖一点儿，我本不该给你这份工的。'"在时装的生产过程中，链条中的每一环都在剥削，压低成本；服装制造商以固定的价格把活儿分包给唐人街服装厂，工厂老板再雇用黑工。黑工没有合法身份，所以老板可以给他们开更低的工资、让他们加更多的班而不用负法律责任。服装厂工人告诉冯洁，如果老板知道了他们有合法移民身份，他们的工作就完了。非法移民的涌入"毁了合法移民的生活"，冯洁说："那些合法移民年纪更大，拖家带口住在唐人街，他们需要照顾家人、需要纳税、需要一份工作来过活。"而大多数新移民都是独身来美国闯荡，打算待上几年，赚到一波钱就走——初代移民身上的那种旅居心态又出现了。冯洁说，这种经济造成的偏见会延伸到社会层面，最终在华人社区里造成两派移民之间的裂痕。

　　在走访华人职工会时，我遇到了江凤英。她是个漂亮女人，见面那天她穿着整齐的长裤和带花的系扣衬衫，乌黑的头发精心打理过，刘海卷卷的。在1992年移居美国之前，她在福州的一家裁缝店给顾客改衣裳。冯洁会说普通话的，由她充当翻译，我记录了江凤英的讲述。

从一开始,工厂就是江凤英对美国的全部了解。"生活就是这样:工作,工作,再工作,不停地赚钱。"江凤英说。和我的外婆一样,一开始她能干多少就干多少——每天至少工作12小时,周末也不休息。她打工的服装厂是为DKNY做代工的,那是时装设计师唐娜·卡兰创办的轻奢服装品牌。她说,大家都知道老板在市中心和唐人街有很多别的厂子,只要遇到法律纠纷就立刻把活儿迁走(我第一次和江凤英对话那天,华人职工会隔壁就有一家血汗服装厂,几个月后,这家店就不见了踪影)。这些女工每做好一件衣服可以赚八美元,一天下来的总收入还不到纽约的最低工资标准,但江凤英一开始就知道,自己做的剪裁精良的裤子、蕾丝内衣和飘逸的晚礼服都是奢侈品。她记得有一次,她做了一件用料特别多的衣服,沉到几乎让人拎不动。她知道怎么做衣服,但不知道这些衣服要怎么穿。

江凤英的丈夫已经在纽约的一家餐馆工作六年了,他为自己的妻子和儿子办理了移民手续,让他们来和自己团聚。江凤英移民时,他们的女儿已经21岁,超出了法律规定的未成年人移民年龄——她只能留在福州,等着父母走其他流程把她带到美国。但事实上,江凤英既没时间见到丈夫,也没机会陪十几岁的儿子,她每天都在工厂里做工,与世隔绝。劳工部来突击检查时,老板打开喇叭，用普通话大喊："劳工部来了！他们要调查！如果他们问你有没有加班费，你就说有！如果他们问你工作时间多长，你说一天八小时！没有身份的工人，要么躲起来，要么赶紧从后门走！"和消防演习一样，突击检查是有规律的，工人们应付得越来越熟练。江凤英同事里有一些是广东人，但大多数是福建人。40名工人里大约有10人是黑工，遇到检查，如果他们来不及从后门跑到街上，他们就会躲在成堆的衣服和布料里。讲到这一段，她双手抱头假装投降，对这些荒谬的待遇付之一笑。

"在厂里的时候，不管老板说什么，你都会照做，"她说，"因为如果不听话，就可能丢了工作。"

在重新开始讲述之前，江凤英摆弄了几下我的录音机。"衣服卖得这么贵，却没有一个工人得到他们应有的报酬，"她的声音变得很轻，"我是厂里工作时间最长的工人之一，工龄有五六年，尽管那家工厂也加入了工会，但是老板不给我们付加班费。"

工人们怨声载道。1999年，江凤英和另外四名工友来到华人职工会寻求法律援助，2000年5月，他们通过一名代表与老板接洽，控诉老板强迫加班和拖欠工资的侵权行为。说完没多久，工厂就突然关门了，大家都没了工作。次月，包括江凤英在内的五位工人对DKNY和外包服装厂发起了集体诉讼[12]，起诉他们给的工资没有达到纽约最低工资标准，每周让工人加班70小时，扣留数百万美元的加班费。最终有18位工人加入了维权行列，大多数人都被工厂拖欠了数万美元工资。这是第一起连带设计师一起起诉的集体诉讼，不只是血汗工厂，设计师唐娜·卡兰本人也需要对劳工的困境负责。

2003年，唐娜·卡兰公司与工人达成庭外和解[13]，和解条款是保密的，但《纽约邮报》报道称，和解金额超过了50万美元。江凤英的工厂老板从未履行法院判决[14]，一直拖着没给工人赔款。江凤英说，老板后来把工厂卖给了自己的儿子，老板儿子如今在法拉盛经营珠宝店和茶叶店。

DKNY工厂倒闭后，江凤英在唐人街的其他工厂做兼职，后来成了华人职工会的一员。

"在我们站出来反抗之后，所有为DKNY做代工的服装厂都开始支付加班费，现在每个工人每周只需要工作40小时。"江凤英说。她很骄傲自己维权成功了，但她知道服装厂劳工面临的是一个系统性问题。按照纽约劳动法的现行规定，工人还是很难要求分包商（比如服装制造商和建筑行业的包工头）对他们的工作福利负责。江凤英现在是华人职工会服装业工人协会主席，她正在学习如何组织工人，让中国服装工人和韩国美甲店工、拉丁裔建筑工等外部团体结盟，共同推动纽约劳动法的进步。

我外婆那一代工人在唐人街经受着语言、法律和经济层面的孤立，但以江凤英为代表的下一代工人发起的劳工运动的影响力已经走到了唐人街之外，足以让城市本身的社会结构发生改变。唐人街变了，它开始主动和纽约的其他移民社区联系，不再是过去封闭孤立的小社会。

唐人街的发展是城市流变的缩影。在曼哈顿，唐人街让人看到了19世纪纺织业的辉煌岁月，看到了移民在纽约经济和社会中起到的重要作用。今天，服装业遇到的问题也是唐人街和纽约共同的问题。"9·11"事件发生后的四年里[15]，唐人街一半以上的服装厂因为交通不畅和接不到活儿而倒闭，或者搬到了布鲁克林。更多连锁反应紧随其后。布匹生意规模萎缩，唐人街首当其冲，纽约设计师仍然需要快速生产时装，服装厂还没有全部倒闭，但生意也不再红火。服装行业的消沉也带来了物理上的变化。服装厂撤出后，地产开发商开始接手空出来的地皮，高层公寓和酒店进驻唐人街。和旧金山唐人街一样，纽约唐人街一边拥抱士绅化，一边在不断流失原本的工人阶级居民。

如今，唐人街一分为三：有曼哈顿唐人街，皇后区的法拉盛唐人街，以及接纳了很多新移民的布鲁克林日落公园。纽约都会区现在有全美国最大的华人圈[16]，有超过50万华人在此定居。华人最密集的区域仍然是曼哈顿的唐人街，但在过去的15年里，移民们已经开始向新的唐人街倾斜。20世纪80年代到90年代，平均每年迁入中国移民最多的地区是法拉盛和日落公园。随着这些新飞地的崛起和赖以为生的服装行业的衰落，曼哈顿的唐人街正在迎接新的挑战。

卡琳·钱是美国华人博物馆策展人，也是唐人街居民，她把曼哈顿唐人街称为"工作狂城市里最工作狂的街区"[17]。多年来，唐人街移民为周边区域的生产力做出了巨大贡献，但在这块飞地里的人们仍然在温饱线上挣扎。和旧金山一样，表面繁荣的旅游业和商业掩盖了绝大多数唐人街居民仍然贫穷的事实[18]。他们只是熬过每一天就需要巨大的勇气：他们是裁缝，是杂货商，是服务员和公交车司机，他们维持着大都市的运转，在夹缝里讨生活。但近些年来，唐人街的房租不断上涨，工人们不得不另找便宜住处，这个长期以来一直属于他们的社区不再像以前那样让人有安全感。

上次和江凤英聊天时，她正在等着把女儿从福建接到美国来，经过16年的不懈努力，他们终于解决了女儿的身份问题，一家人得以在大洋彼岸团聚。女儿要来美国，江凤英激动不已，但也开始担心自己没法为新添的一口人在唐人街找到一套负担得起的公寓。她自己和儿子、儿媳、两个小孙子一起在克里斯蒂街租了一套两居室，每月600多美元的房租让家里的财务状况捉襟见肘。她不太担心女儿的工作问题。"她有两个选择，可以在餐馆干活儿，也可以在服装厂上班，"江凤英很务实，"她能干的活儿多着呢。"距离外婆的时代已经过去了几十年，唐人街普通工人的生活几乎没发生什么变化。但江凤英对未来有更长远的打算，她忍下这一切的原因和我外公外婆一样，她说："我想让我的孩子和孙儿在这里获得更好的教育，过上更好的生活。"她现在就算回到福州老家也能过得舒舒服服，但为了子孙的未来她选择留下。于是她等待着7月4日的到来——那一天，她的女儿会抵达纽约，在新的国度开始新的生活。

纽约，学生们在练习舞狮

图片来源：徐灵凤

# 第 5 章

# 新的中文学校

## 学着去读、去写，去传承

我是在油管（YouTube）频道上认识16岁的约翰·谭的，他在九个月间拍了三部短片，发布在自己的主页上。如果有这么一部视频日记，记录了一个在纽约唐人街长大的街头少年天马行空反复无常的心绪——"欢迎来到亚洲人统治的疯狂世界！"——那就是约翰拍的片子了。在短片里，他上学，回家，和朋友在夜里瞎混，爬上城墙，在小巷里撒尿。他把这系列短片叫作"约翰·谭生活秀"。

约翰出生在纽约下东区，在唐人街长大。他是个很有自己想法的年轻人：他把纽约看成一座暗影重重的混凝土丛林，用埃米纳姆的说唱当背景乐，他在唐人街学习传统舞狮，和一帮重义气的哥们儿称兄道弟。他内心每天都要进行一番天人交战，他暑假在唐人街教会里做义工，却不信仰上帝。高中一年级，约翰走出唐人街，升入布鲁克林科技高中（布鲁克林格林堡区的一所竞争激烈的理科强校），唐人街外的高中生活和他想象中大不相同。他喜欢更多元的环境，但也怀念唐人街学校的轻松生活。

去年夏天，约翰从唐人街一所新型中文学校初中毕业。这所学校编号P.S.184，又名"双文学校"，"双文"在普通话里就是双语的意思，是全国最早的英汉双语学校之一，约翰是双文学校首批毕业生中的一员。在唐人街，中文学校已经存在了很久——20世纪初的第一批中国移民想让他们在美国出生的孩子也能学到家乡的文化和语言，中文学校应运而生。传统的中文学校只用汉语教学。1908年《纽约时报》的头条标题如此写道：《兴办中文学校：中国孩子不会忘记自己父母的语言》[1]。文章称中文学校已经在美国遍地开花。因此，几代美国华裔小孩的记忆里[2]都少不了在放学后和周末不情不愿地去中文学校补课的画面。1909年，后来广受欢迎的纽约华侨学校在唐人街成立，如今勿街上原属于中华公所的历史建筑大部分都成了华侨学校的经营场所。华侨学校自诩为北美最大的中文学校，有近3000名学生在此上课，除了中文，音乐、舞蹈、艺术也是教学计划的一部分。几个街区外的天主教显圣容堂——纽约最古老的天主教堂，也是美国最大的华人天主教堂——也已经自己开办中文学校50多年了。

唐人街中文学校最近迎来了复兴。现在的大多数中文项目都更偏好普通话——中国的官方通用语——而不是在整个20世纪流行于唐人街的粤语。这种转变反映了华裔父母心态的变化，他们中的很多人也已经是二代、三代移民了；他们送孩子去中文学校不是怕孩子忘了本，而是为了让孩子在未来能多一种选择。中文学校里，非华裔的学生越来越多——有一次参观唐人街的中级普通话课外班，我遇到了一群11～15岁的孩子，其中只有不到一半是华裔——这说明中国的重要性已经成了美国人的一种共识。

双文学校成立于1998年，是一所混合学校，也是首批提供双语课程的美国公立学校之一。在各个方面，双文学校的开设都是一次成功的社会实验。中国正在崛起，而普通话开始挑战英语的地位，有望成为21世纪的世界通用语——在10年内，中国可能赶超美国成为世界上最大的经济体[3]。双文学校已经成为纽约最受欢迎的公立学校之一，对很多父母来说，选择双文不只是因为它在阅读和数学两个科目上拿下了全纽约最高评分，更重要的是，中文教育能给他们孩子的未来带来的文化优势。

当然对孩子们来说，上学的体验完全不是这回事儿。来自各个年龄段的数不清的华裔都曾告诉我，传统中文学校对他们来说"是一种折磨",他们很愿意"钻空子逃课"。一所开了中文课的公立学校会让学生们有类似的感受吗?"双文和其他学校完全不同",约翰告诉我。双文学校的课时很长,学生们直到下午5点半才能放学,整个下午的课程都专注于中文教学。对于不习惯用功的学生来说,这种日程安排会带来很大压力,而且让课外活动很单调。约翰的油管频道里详细介绍了在双文的学习生活,班上的同学大多数是华裔。他不是很在乎同学们的种族,但他觉得学校里的环境对华裔来说有些过度保护了,让同学们对现实社会里的种族主义准备不足。

约翰一开始在双文学校念书,但五年级之后他转学到了布鲁克林的另一所初中,距离他现在居住的本森赫斯特区几英里距离。"在双文的日子真的太单调了,"他努力找词来形容自己对学校的失望,"我妈妈知道我不太喜欢在双文念书,所以我们想试试别的学校。"在布鲁克林的新初中,他有了更多其他族裔的同学,第一次在学校里斗殴,每天和一群小混混玩在一起。一年半之后,约翰的妈妈又逼他转回了双文学校。但约翰已经发现,唐人街外的世界大有不同。

约翰把转学前的那段时间称为"青春期抑郁期"——那段时间他尤其叛逆。那段时间恰逢双文学校校址变更[4],当时美国教育部把双文学校从一栋和另一所小学共享的大楼里迁出,搬到了几个街区之外的樱桃街。新校舍里原本是一所以黑人和拉丁裔学生为主的小学P.S.137，双文搬进来后，两个学校在同一个校园里共处了一年，但后来纽约市政府决定让双文学校留下，P.S.137搬走。很多P.S.137的学生家长认为这是恶意抢占校舍。

"他们让我们搬进了下东区一所成绩不好的学校，"约翰回忆道，"家长们很不高兴，我猜学生们也能感受到，觉得我们正在抢占他们的地盘，所以他们开始四处找碴儿。记得有一次我和一个黑人学生打起来了，因为他打了我们班的同学。那时候不同种族的学生之间冲突不断。更糟糕的是，学校根本没有教我们如何应对冲突，只是开除了闹事的学生。那几年气氛真的很紧张。"

从双文毕业后不久，约翰在油管发了一个怀念在双文念书的初中时光的短片。短片里，同学们在集体出游时笑着闹着争抢相机（青春短片必备），背景乐是酷玩乐队一首伤感的歌。鉴于他总在我面前说双文学校的坏话，我对片子里那种怀念的基调感到很惊讶。他告诉我，当他又回忆起初中的时光，他才发现自己很怀念双文学校那种单纯的生活。

"在双文念书的时候我总是生气——我不喜欢这个学校——毕业的时候我才真正开始审视这段时光，发觉我竟然有点儿怀念它。"约翰解释道。我问他能不能告诉我他最喜欢双文的哪一点，他仔细想了想。尽管和同学相处总有摩擦，但他是个聪明孩子，在学业上从来没遇到什么难题。"我想干什么就干什么,"他说,"我的每一门课成绩都很好。高中的学业比初中更难。"他补充说,学普通话让他受益匪浅,多亏了双文学校。他在布鲁克林科技高中也报了中文课,他说这可能是所有科目里最简单的一门,"都是因为双文"。

让孩子得到更好的教育是中国移民来美国的重要原因之一。像双文这样的学校是他们教育理想的化身:学业成绩好、下午有免费(而且强制)的中文课,而且对于下班晚的家长来说,双文学校学时更长,放学更晚,有老师带着孩子多上一会儿课能让他们更安心。由于学校位于唐人街,附近的居民有优先入学权,新移民的孩子在学生群体中占很大比例。但现在备考SAT(美国高中毕业生学术能力水平考试)和丰富高中简历都很花钱,学区外的非华裔家长和二代移民华裔父母也争抢着抽签把孩子塞进双文来。双文学校的学生毕业后,大多会升入布鲁克林科技高中这样的顶级中学,或者是进入曼哈顿西侧、俯瞰哈德逊河的"天才高中"——史岱文森高中。一位母亲告诉我,史岱文森是唐人街中国父母的"梦中学校"——进了这所学校就等于有了铁饭碗。在一个温暖的春日傍晚,5点半,我和一大群来接孩子放学的父母聚集在双文学校门前,双文学校位于唐人街东边,教学楼绿白相间,四周被住宅楼环绕。一些父母在车里等候,但大多数人是步行来的。年幼的孩子们从篮球场边的门跑出来，几乎所有人都直奔停在路边的一辆老旧冰淇淋车。

在学校的另一边，年纪大点儿的孩子们三两成群走出校门，我在这儿和一个穿着黑色羊毛夹克、背着书包的瘦高男孩见面。他叫林林，今年14岁，是双文学校八年级毕业班的学生。当天早些时候，双文学校校长周玲玲安排我们打了一通电话，见面后，我们接着聊他在学校和唐人街的经历。我们站在角落聊天时，他的几个朋友笑着走过，看着我俩。

林林的父母在他三岁时从福州搬到了唐人街，他的父亲在布鲁克林做厨师，母亲在唐人街做裁缝——父母两人都在纽约的两大华人蓝领支柱产业工作。几年前，他们一家人搬到了东河对面的布鲁克林，但林林说，他从幼儿园就开始在双文念书了，他一直没有离开过唐人街，比起布鲁克林，唐人街更像是他的家。课余时间，他会在附近的篮球场和朋友们一起打篮球，上周末他们约在哥伦布公园打球，那是当地人最常去的活动场所。

林林的朋友大部分也是中国人，所以他们之间都知根知底。"和朋友在一起的时候，我觉得自己更像美国人，"他告诉我，露出嘴里的一口牙套，"但在家的时候，我感觉自己更像中国人。"学了这么多年中文，他现在的普通话已经说得相当好。"大家都说中国是下一个崛起的大国（super power），所以中文是最重要的外语。但是说普通话的人听不懂福建话——这两种话很不同。我和父母说福建话，我爸爸会说一点儿英语，但我们参加家长会的时候需要带一个翻译。"出了校门，需要说英文的时候，林林的父母都让他来替他们说。

双文学校校长周玲玲说，林林是福建新移民学生中很有代表性的一位。我们第一次交谈时，周玲玲正在准备陪同第二届毕业班春假去中国旅行。林林告诉我他不打算参加这次活动，他曾经跟家人一起回过中国，这一次打算翘掉旅行去唐人街。他宁愿用这一周时间和朋友一起出去玩、打篮球，也不愿去中国旅游。虽然他出生在中国，但唐人街才是他的老家。他认为游客们对唐人街有很多刻板印象——比如中国人"不开放"，"总是很保守"，但他知道这不是唐人街的全貌。"游客们要学的还多着呢。"他苦笑着说，打算去和他的朋友们会合。

很多学生告诉我，在唐人街上学——无论是双文学校还是更传统的公立学校——让唐人街成了他们自我身份认同的重要组成部分，不管是积极的还是消极意义上的。在开往东百老汇站的纽约地铁F线上，我看到一群五年级学生在车厢里嬉闹，三个女孩坐在地铁橙色的硬塑料椅子的边上，怂恿一个身材敦实的男生在地铁颤颤巍巍过隧道时单脚跳。其中一个女孩站起来说："我们到站了！"她们挤着要下车。"唐人街到了！"女孩的妈妈带着孩子们往车门走。

我问他们是从哪儿来的，她告诉我他们刚刚在百老汇看完剧。看剧的兴奋感是显而易见的，但他们回家的热情也很高。走出地铁后，他们走向了一个半街区外的P.S.2——梅尔·伦敦小学——我的舅舅和姨妈也在这儿上过学。

那天下午，我见到了总辅导员玛丽·洪，每天两点半她都会组织学生们放学，她在P.S.2工作了20年，目送一代又一代唐人街的孩子们入学、毕业，有时又回到学校来工作。"再见，玛丽！"人行道上飘荡着孩子们稚嫩的嗓音。等到孩子们散去，玛丽告诉我，那些从P.S.2毕业的学生在升入高中后经常回到母校来做义工，帮忙处理公务、为家长会做翻译。唐人街孩子们的家庭情况很复杂，玛丽有亲身体会：她从小就听不懂妈妈说的方言。玛丽说："听起来很怪，我想跟我妈说话时，都得靠我爸传话。"

之后，玛丽介绍我和两位现在念高三的P.S.2毕业生相识，她们是伊莱恩·季和王雪梅。我们把几把椅子拖到办公室外面的走廊里，聊起了她们的志向、唐人街以及中国的语言文化对她们的意义。这两个女孩说起话来就像相声组合，一逗一捧，性格互补，很有感染力。伊莱恩说话干巴巴的，直言不讳，王雪梅活泼好动，滔滔不绝；伊莱恩说粤语和缅甸语，王雪梅说普通话和福建话；伊莱恩的父母受过良好的教育，王雪梅的父母都中学辍学，她的母亲不识字。伊莱恩虽然经常接王雪梅的话茬，但几乎总是把话题带歪。

不过在一件事上她俩达成了共识，那就是唐人街是她们生活的中心——唐人街是她们在纽约这个大都市里最有归属感的角落。雪梅告诉我，她出生在福州，但她从两岁起就住在且林士果图书馆对面的唐人街里。"自从我从中国到美国后，我就一直生活在这里——连家都没搬过！"她笑着说，推了推圆圆脸上的眼镜。她的家人都搬到了纽约，但暑假时她会回中国探望其他远房亲戚。在中国探亲时，她见证了中国经济腾飞下福州的变化。"福州正在变成一个大都市，"她点点头说，"街上的车越来越多了。"

相比之下，伊莱恩的亲属分散在整个亚洲："缅甸和中国的香港、澳门，各地都有。"她和姑姑一起住在布鲁克林，这些地方她都去过。但在家人四处迁徙的过程中，她一直在唐人街上学。

唐人街让她们感到信赖，所以她们选择回到P.S.2来完成高中志愿活动时长。"这里的人我们都认识，"雪梅解释道，"我们跟这里有感情，所以想在这儿帮助大家。与其去不熟悉的学校，不如回到我们认识的那所。"

我问她们在唐人街上学的好处和坏处都是什么，她们不假思索地一起回答："亚洲人。"两人对视了一眼哈哈大笑，雪梅试图向我解释这种矛盾。念小学和初中时，她们身边的同学九成都是亚洲人。"你会觉得世界就应该是这样的。"她说。她们身边一直是唐人街里的熟人，直到初中毕业大家各奔东西，考进分散在纽约市各地的高中。雪梅和伊莱恩碰巧升入同一所高中，这座高中距离唐人街仅仅几个街区之遥，坐落在市政厅附近，然而学校里的学生构成已经和以前大不相同。

"一上高中，我就'哇哦！'一切都是那么不同。"雪梅瞪大了眼睛说，"学校里有你能想象到的各色人种。在某种程度上这挺好的，因为你可以了解到各个族裔和他们的文化。但与此同时，你也感觉到更难和他们亲近，你会感觉不那么自在。学校里仍然有一半学生是亚洲人，但和小学中学相比已经少了很多。"

多人种的新环境有助于她们向前看。两个女孩都告诉我，唐人街最让人放松，因为她们一直生活在这里。但她们也为应对变化做好了准备。王雪梅曾经试图劝父母搬到郊区，但是没有成功。"我爸爸妈妈没有车，也不会开车，他们也不会自己出行，离开唐人街对他们来说太不方便了。"但是雪梅不想被困在同一个无聊的地方，"最主要的原因还是因为他们习惯了唐人街的生活，习惯了这里的语言。离了中文什么都做不了，不能旅行，不能说话，不能交流。"

伊莱恩突然插话："所以当初爸妈说，'去中文学校'，我们就说，'为什么？'"她说，父母打算送她去中文学校，但是她拒绝了。"我说，'我们为什么要学中文？你们为什么不去上英文学校？'他们就说，'我们不需要上英文学校也能活得好好的'。"

女孩们为自己能说唐人街的语言而自豪，但她们也很清楚中文对唐人街来说是一把双刃剑。唐人街是在美国出生的华人小孩学中文的地方，也是收养了中国弃儿的美国父母带孩子来熟悉中国文化的地方——唐人街的叙事在不断演变，华裔美国人的形象也随之不断变化。但唐人街也在讲述一个古老的故事：这里一直是会说中文但不会说英文的新移民的落脚地，他们来到这里，因为无处可去。

像双文这样的学校能让林林和约翰这样的孩子为未来踏入社会做好准备，但唐人街的生活本身对孩子们来说也是一种文化教育。唐人街是年轻人在校外的大课堂，这种教育在操场上、篮球场上、大街上，也贯穿在不间断的社交之中。

"二年级的时候，妈妈就让我一个人在唐人街到处走，我那么小的时候她就觉得我在唐人街很安全。"约翰告诉我，他的父母几乎只会说粤语，妈妈在唐人街的一家商店里帮姑姑卖珠宝。所以他小时候总是在唐人街闲逛，在这家店停下来吃糕点，又在那家店里买汽水，然后找个舒服的地方待着。约翰最喜欢去的是格兰街公园，距离孙逸仙中学一街之遥。就这样，他熟悉了唐人街的地理环境。有一次过春节，约翰的妈妈带他去看一年一度的舞狮节目，约翰立刻就被舞狮的爆发力和运动感吸引了。铙钹铿锵作响，鼓声震天动地，饥肠辘辘的狮子被喂了一棵生菜（生财），代表财源广进。狮子把生菜"叼在嘴里"，撕碎叶子，兴高采烈地左右抛撒，把财源传播给众人。狭窄的街道上人声鼎沸。

舞狮的传统在中国至少可以追溯到上千年前，作为一种仪式性的表演，舞狮意在驱鬼辟邪，祈求好运和繁荣。一般两人舞一只狮子，一人当头，一人当尾。美国华人逢年过节、婚礼大喜、新张庆典时，都喜欢舞狮庆贺，一般来说是动作优雅的南狮（或者叫醒狮）。舞狮中有大量的跳跃和平衡动作，舞狮人一般有习武的底子。每一段舞狮都代表着相应的神话故事，两只狮子的嬉闹玩耍中呈现着故事的剧情。即使在现代，舞狮仍然是一个生动的中国文化符号，它有时是强大的守护者，有时是顽皮可爱的小狮子。和唐人街的居民一样，它的身份也有矛盾之处。

第一次在唐人街见到舞狮多年后，在一位朋友的介绍下约翰来到了南派螳螂拳馆，这里不仅教授武术，也收舞狮弟子。拳馆掌门人陈金耀是南派舞狮大师，他领头的舞狮团跻身纽约唐人街顶尖之列。陈师父在纽约都会区的多个地点设有分馆，他在孙逸仙高中开有面向中学生的免费课程，就在约翰最喜欢的公园旁边。约翰邀请我来看他学舞狮。"如果你真的想了解唐人街，你就来围观我们训练，和我的师父谈谈。"他语气中带着一丝自豪，"我师父可有名了。"

在一个周四下午放学后，我赶在训练前去见了陈师父。我们坐在离学校几个街区外的一家糕点店里，一边喝着奶茶和咖啡，一边听陈金耀师父讲他小时候在唐人街的经历。

19世纪四五十年代，陈金耀在唐人街长大，那时候舞狮主要是靠家族协会和慈善机构传授的。"当时唐人街面积不大，运河街和包厘街这些地方基本上都是意大利和犹太移民。"陈金耀的口音让我想起了我舅舅，纯正的纽约口音中夹杂着一丝广东味，"那时想学舞狮得找家族协会，他们会请有功夫的师父来教舞狮。"按照传统，舞狮的人首先得练习武术，这样才能保证姿势正确，舞狮的仪式纯正无误。学习舞狮有一套严格的规矩。小时候，陈金耀住在一栋陈氏家族协会买下的楼里，每年农历新年前的几个月，协会的舞狮团都会开始操练节目。他从小就开始学习舞狮，但直到十一二岁时才开始了专业的训练。

"那时舞狮还没有商业化，"他一边喝着咖啡一边告诉我，"现在的人买一个狮子头，就能立马组一个舞狮团。他们没有经历过严格的武术训练，对他们来说舞狮就是把狮头抬起来，然后跳来跳去——跟麦当劳叔叔没什么区别，穿上戏服，当一个小丑。也许这也没什么不好，但我是一个非常传统的人，我觉得人至少得了解一些背景，知道舞狮到底是在舞什么。没了灵魂、失去了意义的舞狮就只是噪声而已。"

陈金耀是个传统的人，还体现在他一直从唐人街招学生进来，并送他们上学。20世纪70年代，毒品和暴力在唐人街街头横流。"我们的学校很严格，每个孩子都得规规矩矩的，但当时很多其他的学校都不讲纪律，"陈师父说，"孩子们会辍学，在各种小团体里聚会、吸烟、喝酒。纽约有一段时间盛行年轻人拉帮结派、打着功夫的幌子组成黑帮的传言。那些孩子除了当大哥之外什么也没学会，他们什么也不在乎。"

唐人街外面的人只看到阴暗的一面——比如有人在斗殴时中枪或者被杀。但陈师父说，黑帮和毒品不只是唐人街的问题，而是整个纽约的问题："这是那个时代的特点，所以人们不能只针对唐人街。"话虽如此，那时唐人街的孩子们过得还是很艰难——如果你是一个爱学习的好学生，你很有可能被打。"这些帮派会要么打你一顿，要么拉你入伙。"陈金耀摇头说道。

陈金耀想在尊重传统的同时，让舞狮队成为学生们的小社团。他说，有时候同侪压力也有积极作用，很多孩子是通过口口相传找上门来的，最近，越来越多的学生开始带朋友来一起学舞狮。我向陈师父打听约翰，他是大约一年前加入舞狮队的。陈师父笑着问我约翰有没有给我讲过"有头有尾"的故事。

"在我们这儿，新来的学生不会被欺负，但是在春节演出后的庆功宴上，所有的新人都得咬一口鸡头，再咬一口鸡屁股。你知道为什么吗？粤语里有句话叫，'如果你做嘢，有头有尾'。意思就是做事要有头有尾。如果你不打算全心全意去做，就干脆别做。"

17个孩子在学校食堂里等着我们，一看到陈师父，他们就开始手忙脚乱地穿练功服、布置场地。陈金耀换上一副严厉表情，大声命令道："快打扫房间！你们怎么还没穿好衣服？练功期间不能吃喝！"我在人群中认出了约翰翘起的头发和眼镜，我向他挥手致意，他简单对我摆摆手，就匆匆忙忙和其他学生一起去换衣服了。

学校食堂可以改造成练功房。学生们开始排队做热身运动，黑色的练功服让他们看起来精干利索，之前还嬉皮笑脸的小脸立刻变得严肃起来。他们还是很紧张，但很明显，有外人来旁观练习让他们又兴奋、又自豪。当他们各司其职，打鼓、敲钹，扮上狮头狮尾，戴上驯狮子、逗狮子的大佛头时，我完全被吸引了。他们在练习"采青"——用皱巴巴的纸代替了生菜——和双叠，两个扮狮头的少年举着狮头跳到各自的狮尾肩膀上。约翰在孩子里较年长，体格也壮，所以他担任了其中一个狮尾，得支撑起一整个人的体重。他紧紧抿着嘴，眉头皱在一起，注意力高度集中，在他肩上，狮头嘎嘎作响，凶猛而骄傲。

稍后，我和约翰坐在长凳上聊天，其他孩子继续排练鼓点和舞步。"我觉得这里是我的根，"约翰向我解释他加入舞狮队、一直在唐人街活动的原因，"我是中国人，在唐人街我能轻松体验自己的文化。我的朋友们不是在唐人街玩儿就是住在唐人街，他们以唐人街为傲。但也有很多朋友不这么想，"他停顿了一下，"我是怎么知道的呢？因为他们取笑我。"说到这儿，约翰装出一副傻兮兮的声音："'螳螂拳，唐人街，天天都是这些玩意儿'。"他笑着说，"我猜每个人都有自己的事要做吧。我做的事在他们看来不酷，他们做的事在我看来也很逊。人各有志。"

有些华裔从来都没有过去唐人街的冲动，但唐人街对一部分中国人来说有着不可否认的吸引力，无论是哪一代中国人。陈金耀在20多岁的时候离开了唐人街一段时间，"大家都说'我不想留在唐人街'，但是你懂的，最后我们还是回到了唐人街。你的肉体也许离开了，但精神上依然和唐人街相连"。他说，他看到很多华裔朋友在大学里对自己的"中国性"有了全新的认识——他们开始对唐人街感兴趣，希望能在那里找到关于自己身份的答案，找到自己语言和文化的源泉。

有的家长跟我说，念书是离开唐人街的通行证，但我不这么想，对孩子们来说唐人街里也有很多可学的门道。

对年轻的一代来说，唐人街是一座通往过去的桥梁。唐人街丰富多彩的街头生活对约翰来说非常重要，他为自己能说粤语和普通话而自豪——他能帮助他人，也能用中文寻求帮助。"如果我不会说中文，我的生活不会像今天这样，"他告诉我，中文让他和妈妈更亲近，说中文对他来说就像舞狮一样重要，"我可能不是最厉害的汉语专家，也不是最优秀的舞狮人，"约翰说，"但因为它是中国文化的一部分——是我的同胞们过去会做、今天仍然在做的事——我想去体验、去传承。虽然我是美国人，但我不会忘记我的中国血统。"

我问约翰，其他人来唐人街是为了寻找什么，他给的答案不成熟，但是富有洞见、足够有趣，而且这答案不是他从书上看来的。"人们来唐人街是为了吃好吃的和感受历史——这是一种文化体验，"他说，"这也是唐人街让我喜爱的地方，餐厅很正宗，不是那种美式中餐。我生命中的任何一天，我都会选择吃中餐而不是美国菜。"如果可以的话，他死后也想埋在唐人街附近。他生命中的最后一顿饭一定要在唐人街吃，至于吃什么，他还没想好。"可能是叉烧饭，"他说，"简单点儿的，传统点儿的。燕窝汤也不错。"又是一个停顿，"要么就是鱼翅汤——吃点儿贵的。"

约翰说，唐人街占据了绝佳的地理位置。"在一定程度上，唐人街和下东区是移民们进入美国的大门。从曼哈顿大桥或布鲁克林大桥下来的时候肯定会经过唐人街，这是一个交通要塞，如果你想走，也得从这儿过。"我问约翰对法拉盛和日落公园这样的新唐人街有什么看法，如果他有看法的话。

"嗯，我去过法拉盛，有些人觉得它也算唐人街，但我真觉得它跟曼哈顿唐人街没法比，"他不屑一顾地说，"曼哈顿是独一无二的。"

幸运饼干和中餐外卖

图片来源：徐灵凤

第*6*章

# 幸运饼干

## 小饼干的发展讲述着社区的变迁

为了见德瑞克·王，我在一个大热天坐上纽约地铁七号线，去了长岛皇后区33街。这条地铁线的终点站法拉盛主街站，是纽约最大的唐人街、最多华人的聚居区，也是我出生的地方。

这天，电网停摆，地铁延迟，在接近历史最高温的天气下，连铁轨都弯曲变形了。刚刚早上9点半，又湿又重的空气就压了过来，街上的垃圾桶也臭气熏天。德瑞克·王39岁，身材矮小，爱笑，头发细软，开着一辆银色本田在36街和皇后大道的交叉口接上了我。这个路口车水马龙，原本是个工业区，紧邻地铁线。从这里，我能看到工厂老旧的塔吊，近几年被用来安置现代艺术博物馆的图书和资料室。

表面上，德瑞克·王的头衔是公司的销售与营销副总裁，但其实，他是全球最大的幸运小饼干加工商云吞食品公司的家族接班人。我们将去参观小饼干产业的核心——24小时运转的工厂和包装间，这里的搅拌桶一天能生产400万块小饼干，一周六天，一年52周，然后把它们运给全球400多家经销商。

幸运小饼干几乎是全美唐人街的餐厅没有印在菜单上的招牌。走进任何一家中餐馆，你都能发现它们：靠近门边的小碗里，前台的托盘上，满是残羹冷炙的餐桌上。2008年，幸运小饼干就满90岁了[1]。有一种说法是，1918年，一个叫大卫·杨的广东移民在他位于洛杉矶的面食公司创造了这种内藏纸条的小饼干。幸运小饼干也有可能在2009年迎来它的百岁诞辰，因为另一种说法是，旧金山的日本茶园公司主管秋原诚在1909年时创造了这种小饼干。美国专利局的相关资料支持后一种说法，至少能说明小饼干在20世纪早期的旧金山就出现了。小饼干文化的另一条分支显示，它起源于19世纪的中国移民劳工，是为了庆祝中秋节临时做的月饼。最近，有日本学者在1878年的日本故事集中发现了"辻占煎饼"的描述[2]——也就是幸运小饼干。无论你相信哪个版本的故事，一个事实始终存在，那就是中国的幸运小饼干其实并不中国。1994年，云吞食品公司在中国开设了第一家幸运小饼干的工厂，结果迅速倒闭。"行不通，"王先生说，"幸运小饼干太美国了。"

更确切地说，小饼干是一种中美文化结合的产物。在二战后的美国，小饼干已经成为唐人街和中餐行业的重要标志。在纽约，从当地的夫妻店到行销全球的皇后区整体工厂，过去40年小饼干产业的发展反映了美国华人从曼哈顿唐人街向周边的扩张。小饼干最受欢迎的地方仍然是美国，但云吞食品公司也在把它们运往巴拿马、摩洛哥、葡萄牙、希腊和比利时等遥远的目的地。像米老鼠和可口可乐这些美国文化偶像一样，小饼干已经走向全球。

云吞食品公司的主要业务是面条，小饼干作为公司最知名的产品，售卖的品牌是"金碗"。饼干占据了公司业务的三分之一。位于皇后区40 000平方英尺[①]的工厂占据了一整块街区，在接近主楼的路上，来客能闻到一股香草气息。它是柴可夫斯基的糖梅仙子之舞的嗅觉伴奏。虽然我已经很熟悉这种香气，但还是忍不住觉得它温暖又甜蜜。

"糖。"王先生简单地说，与此同时，我们躲开了几辆正被拖进装载区的卡车。他的意思是，除了面粉和水，糖无疑是幸运小饼干的主要配料。标准配方不是秘密。数十种美食网站和食谱提供了

---

① 1 平方英尺约合 0.093 平方米。——编者注

一些关于糖—面粉—水的比例变化说明，有些可能包括蛋清、油或黄油来帮助黏合饼干（云吞食品公司使用的是卵磷脂和大豆油）。有一年新年前夜，我在纽约狭小的公寓里自己做饼干，除了厨房里现有的，没有用到任何别的原料。这种简单与小饼干充满神话色彩的光环并不相符，王先生也承认这一点。作为一种食物，小饼干反常的地方在于，食客关心的并不是饼干本身，而是里面来带的神秘小纸条。

云吞食品公司的饼干工厂规定，所有访客必须在工作日志上签字，并戴上白帽子，才能进入作业区。这里很难被称为一个旅游景点——大多数前来参观的人都是批发商，他们想知道自己购买的产品是如何被生产出来的。我们从面糊区开始参观，墙边堆放的纸箱连成一片，箱子的标签上写着"蛋糕粉"。这里就像一个疯狂科学家的实验室，荧光灯、白色瓷砖、蜿蜒的管子和金属桌面，以及一个装满了亮橙色黏稠液体的大桶。

"这也太……橙了。"我尽量不让自己的声音被搅拌机巨大的嗡嗡声淹没。

"这是幸运小饼干的颜色。"德瑞克指着大桶，里面是已经做好的面糊。云吞食品公司卖得最好的小饼干是柑橘味的，里面有柑橘味的添加剂和黄色颜料，因此是橙色的。卖得第二好的小饼干是香草味的，此外还有从巧克力到杏仁的各种味道。不同品类的饼干，风味的配比也不同。

随着时间的推移，美国的不同地区开始有了各自有代表性的小饼干口味。东海岸喜欢柑橘，中西部喜欢香草，西海岸两种都喜欢。有时候，为了迎合南美人群的口味，云吞食品公司会尝试研发一些奇怪的味道，比如肉桂。但这种尝试大多都失败了，无论是改变饼干的形状还是口味。"人们喜欢他们已经熟悉的东西，"德瑞克说，"不喜欢改变，尤其是幸运小饼干。"

1983年，云吞食品公司买下了曼哈顿唐人街的一家家庭饼干工厂[3]（卖他们工厂的人是纽约中华慈善总会前任会长伍锐贤）。德瑞克的叔叔王青新就是这样进入了幸运饼干行业。现年70多岁的老王已经半退休了，但他仍然是云吞食品的董事长和所有者。十几年来，云吞食品一直主导着全美乃至全球的幸运饼干市场。东海岸没有大的幸运饼干制造商，芝加哥的金龙和洛杉矶的北京面条这两家公司，在产能上比传统的家庭工厂更接近云吞食品，但是德瑞克并不觉得它们能够成为云吞食品的竞争对手。在美国其他地方，公司还有大约40家饼干工厂[4]，为这个国家的40 000家中餐馆供货。

德瑞克对饼干生产的各个流程都非常熟悉。他在广州出生，14岁时移居到曼哈顿的唐人街。1991年，他从布鲁克林理工学院毕业后，加入了云吞食品公司。他的专业是土木工程。"当时经济形势不好，"德瑞克说，"我毕业后找不到工作，父亲就让我回来加入公司。我几乎做过所有的工种，生产、烘焙、仓库，我还开过卡车、当过推销员……”而他的土木工程专业，在这里“一点儿也用不上”。

德瑞克的父亲是一名机械工程师，是他开展了工厂机器的建造和维修业务，使其得以正常运转。“他开创了这一切，”德瑞克告诉我，“但现在他已经退休，回广州去了。”面糊区楼下，14台机器正在轰隆作业。面糊顺着天花板上的输送线被运到每台机器上，穿着白色制服和帽子的工人在一旁监控着进度，看着完美的面团离开烤箱，用塑料包装分装好，然后被打包运往仓库。“我们生产好的饼干每天都会被立刻运走，”德瑞克说，“整个库存只能维持36个小时。如果36小时没有生产饼干，我们就没东西可卖。”

在过去的40年里，饼干的生产流程已经很大程度上自动化了，但一部分工作仍然依赖体力劳动。由于早年搬过装面粉和各种原材料的箱子，德瑞克的背至今还会疼。工厂地面的温度通常超过外部5℃，在我第一次参观时，烤箱旁边的温度计指针停留在超过37℃的区域内，跟室外的温度差距不大了。

工厂的厂长姓吕，是广东台山人。我们见面时，他用台山话问我老家在哪儿。我告诉他我母亲的老家在台山，他用力点点头。“我就知道，”他说，“你看起来就像个台山人。”

　　我是说粤语长大的。但我小时候回法拉盛的外公外婆家时，他们的台山话毫无痕迹地融合在其他人的粤语里。我长大后才意识到，这是两种不同的方言，会其中一种的人不一定会说另一种。

　　王氏家族从20世纪70年代开始创业，那个时候，所有的员工都会讲粤语。德瑞克说，现在情况不同了。由于培训的要求，办公室和工程人员会讲普通话和英语。云吞食品公司90%的员工来自台山。他们中许多人住在日落公园的第八大道，这是布鲁克林新兴的唐人街，吸引着许多新移民。轮班经理黄东明跟妻子和两个孩子住在日落公园附近，他不同意约翰关于纽约唐人街卫星城的描述，对他来说，日落公园就"很唐人街"。

　　一个几乎全是台山员工的工厂很少见，因为中国其他地区的新移民也很多。但是正如德瑞克解释的一样："中国人喜欢去有熟人的地方。"公司的招聘并没有特殊要求，但是工作环境会自我筛选留下来的人。偶尔有不会讲台山话的工人出现在工厂，但是大多数不会久留。

　　亨特学院的教授邝治中正在研究唐人街的劳工以及他们的流动，发现唐人街的劳工结构已经发生变化，极低薪水的岗位开始被福建来的新移民占据。"但是老牌一些的工厂依然希望招经验更丰富的员工。"德瑞克说。他更青睐来自香港和广东的工人。在一些类似云吞食品公司的地方，员工结构在很大程度上受到亲友人

脉网络的影响。"雇主认识谁，谁就更有可能被录用，"邝教授说，
"语言也是一个重要因素，比如会说粤语的更喜欢招同样会说粤语
的。"由于工作所要求的技能在发生改变，劳工结构也在改变。台
山人也不会一直垄断劳工市场。

　　冯文兴刚刚加入云吞食品公司，30多岁，娃娃脸，来美国还不
满一年。他跟妻子和七岁的女儿住在唐人街麦迪逊街一幢公寓里，
和妻子的姑妈合租。由于他的长相和性格都有点儿像弥勒佛，冯文
兴的同事们都开玩笑地叫他"肥仔"。

　　在台山，冯文兴当了10年的中学老师。"为了谋生，"他说，微
笑时眼睛眯成一条线，"以前找工作很难，如果你有人脉会容易一
些。现在好多了，因为做事情更自由。"

　　冯文兴在中文报纸上找到了这份工作。"他们什么都教我，来
之前我对这个行业一无所知。"他说着话，眼睛也一直盯着身旁轰
隆作响的机器，"这里的一切都在全天候运转，你只能边干边学。"

　　每周六，工厂暂时关闭，每人放假一天。冯文兴会在这天出门
"探险"。"我刚到这里，喜欢探索这座城市，"他说，"我会和女儿
一起，带上地铁路线图，去看各个地标。上周我们去了市政厅。我
们不赶时间，就是随便转着看看。"他女儿很快融入了新生活。为
了跟其他小朋友玩，她几乎立马开始说上了英语。有时候说得太
多，冯文兴都有点儿听不懂。

冯文兴不太会说英语，但他说影响不大：他住在唐人街，而且公司提供直达格兰街地铁站的班车。"我每天都坐班车，在公司吃饭。我不需要费力学英语，因为这里的每个人都说台山话。这些都让这份工作变得更轻松。"他说。

德瑞克说，现在的饼干工厂跟20年前大不一样。大多数工厂早期都是在唐人街狭小的地下室里，工人工资很低，制作面团的机器还需要手工折叠。"我们在1983年接手的一家小工厂用的是很老旧的旋转式机器，"德瑞克说，"效率很低。"

尊美是负责推广云吞食品公司小饼干业务的工厂，我公公（即外公）曾瑞年就是在这里开始了他长达20年的饼干职业生涯。他在唐人街的三家家庭工厂工作过，于20世纪60年代末来到尊美。为了更快地揉好滚烫的面团，他和同事们需要在手指上缠上绷带。一桶有500块小饼干，他们平均每人一小时完成两桶，一天八小时，一周五六天。这是体力劳动的具体定义，因为每一块饼干都是他们用手折叠出来的。

用"工厂"来形容尊美的饼干生产环境或许有些乐观了。机器只有两台，工人两班倒——两个人上白班，两个人上夜班。在搬去贝亚德街的德兴工厂之前，我公公曾在那里上过五年白班。德兴同样很小，也在地下室，但是有三台机器。为了赚零花钱，我舅舅约翰小时候放暑假了会在德兴的地下室跟公公一起叠饼干。

舅舅讨厌这份工作。"太热了，我们总是被烫伤，然后不得不在手指上缠绷带。"他说。他只坚持了两个夏天，直到现在，只要我朝他挥舞幸运小饼干，他总是会皱眉摇头。

但我公公坚持下来了。他工作的第三家工厂名字很吉利：龙凤。厂址位于中央大街，紧邻市政厅，他在那里工作了12年。他告诉我，在20世纪80年代初，幸运小饼干是"好营生"。需求量太大了，尽管唐人街的商店像雨后春笋般涌了出来，但是产量还是跟不上，因为纽约也开始向其他州供应小饼干。

"但我们用手折叠饼干的时候，没有一块是一样的，"我公公说，"你可以加速或者减速，它们的外形会根据你花费的时间和精力而变化。"当饼干配料的各种比例达到一种完美平衡的时候，它们几乎不用怎么加工，公公那天就会更轻松。如果配料混合得不够好，饼干就会像噩梦一样黏糊糊、湿漉漉，或者焦煳，在折叠之前，可能就会干硬开裂。当舅舅和公公向我描述这个场景的时候，我想起《我爱露西》中有一集，在巧克力工厂工作的露西，把流水线上的巧克力不停塞进嘴里。但我的亲戚们不会把做坏的饼干据为己有，而是把它们扔进脚边的垃圾桶。看到垃圾桶满了，老板就会生气。最后，次品饼干会被用塑料袋装起来，带给我和哥哥。我公公和小饼干的故事，就这样渗透进长岛长大的我的生命里。

美国华人移民对幸运小饼干有着复杂的感情。"对亚裔美国人来说，'运气'和幸运小饼干都多少会带来令人尴尬的刻板印象。"邝教授说。但他承认，尽管自己对小饼干的味道不是很感兴趣，他的作家、翻译家妻子杜尚卡·米切维奇每次还是会跟餐馆要几块饼干。

位于纽约的美国华人博物馆馆长辛西娅·李说，许多美国人第一次接触中国文化就是在中餐馆，在过去一个世纪，中餐馆和它的"文化大使"幸运小饼干已经对美国的餐饮文化产生了巨大影响。"中餐馆的老板将中国饮食传统融入美国文化，扮演着文化掮客的角色。"辛西娅说。在这个过程中，他们创造了独特的中美结合菜系——"小饼干就是一个土洋结合的范例"。

2005年，美国华人博物馆举办了关于美国中餐厅的展览，辛西娅为此研究了小饼干及其颇有争议的起源。她说，二战后，小饼干开始在美国广受欢迎："在旧金山休假时吃到这种饼干的美国大兵，到了美国其他地方，也会询问是否有幸运饼干。"幸运饼干对美国流行文化的渗透由此开始。在20世纪50年代，饼干制造商用中国谚语传递"好运"，也留下了刻板印象。

对我来说，幸运小饼干跟家族在美国的移民历史有着直接的联系。我的乡愁就是我小时候生活的每一天。我和哥哥安迪觉得外祖父带回家的次品饼干很有意思。饼干是扁圆形的，可能是只折到一半，也可能是塞满了胡乱抓的幸运纸条。我们一边看动画片一边狼吞虎咽，翻找着最喜欢的小纸条，把剩下的扔在一边。小纸条像花生壳一样散落得满地都是。

　　小饼干也出现在我带去学校的午餐盒里。尽管有时候我想让我妈换成奥利奥和三明治，就像其他小朋友一样。对我的同龄人来说，小饼干显得太像个外国人吃的了。但在我家，小饼干就像早餐麦片一样常见。

　　如今，我外祖父母长岛家里的厨房柜台上随处可见金碗牌的小饼干，这是去过法拉盛主街或者附近某家中餐馆的证据。25年过去了，小饼干已经到处都是，不再显得格格不入。

　　很大程度上，小饼干的传播是跟工人们居住地的分散同步进行的。云吞食品公司有些员工住在法拉盛，七号线的终点站。但是正如德瑞克所说，如今住在法拉盛的更多是已经住了很久的老移民。更多工人住在日落公园到曼哈顿唐人街的格兰德街之间，德瑞克在这些地方安排了班车，将他们接到饼干工厂。对于许多新移民来说，这里的房租太高了，但现在唐人街的规模比以往任何时候都大[5]，大约住了100万人口，仍然是大部分华人社区的主要枢纽。就算他们已经搬走，也知道怎么回到那儿。人口随着工作迁移，并发展出新的唐人街，纽约的这种模式也曾出现在旧金山的唐人街中。

"从历史上看，中国工厂和居民用了很多年慢慢分散到了旧金山的其他地方，"邝教授告诉我，"这比纽约要早得多。在纽约，这种分散只是发生在过去的20年里，过去10年最为密集。人们分散的原因是一样的，经济上来说，是房地产价格的上涨。人们去了布鲁克林，又去皇后区。许多工厂正在搬到皇后区和日落公园，这样住在那里的人也可以在那里工作。他们可以搭七号线上下班。"

邝教授补充说，许多华人中的白领和中产阶层人士正在搬到郊区，工人阶层华人也随之而来提供服务。"在旧金山的一些郊区，人们会看到大量中餐馆和华人服务。在洛杉矶，'族裔聚居郊区'<sup>①</sup>（ethnoburb）开始出现：它的一切都在模仿传统唐人街。"

美国华人搬离传统唐人街，另一个主要因素是缺乏就业机会。由于租金上涨和空间的制约，商业发展受到了很大限制。"华人社区无法创造足够的就业机会，"邝教授说，"对于唐人街所有说中文的工人来说，餐馆和小型服装企业的增长速度不够快。所以他们必须搬到外面，去寻找工作机会。现在的华人就像游牧民族。在内华达州的一个小镇上，人们甚至也会发现一个小小的华人社区。"

直到将业务迁出唐人街后，云吞食品公司才成为幸运小饼干的

---

① 由少数族裔构成的位于郊区的住宅和商业区。——译者注

主要生产商。德瑞克在开车上下班时，也要一直戴着蓝牙耳机，在皇后区拥挤、仓库林立的街道上一边导航一边接电话。为了孩子上学，他现在跟我的父母一样住在长岛，而他的两个孩子如今都已经上小学了。

尽管因为"那里停车太难了"，德瑞克很少再去曼哈顿的唐人街，可他并没有完全离开那儿。那里有他的许多经销商，也有他最喜欢的广东海鲜餐厅Duen Wong。最近他去拉斯维加斯出差时，发现这座浮华城市的唐人街十分独特，并经过总体规划，创始人叫陈之诚，是一位华人企业家。

"那里的唐人街很不错，"德瑞克说，"跟多伦多一样，是在商场里。"

世界上最大的幸运饼干制造商已经离开了唐人街，它的文化影响力也在不断扩大。几年前，云吞食品公司火了。在2005年3月的强力球彩票开奖后，有110人押中了六个号码里的五个，赢走了超过1900万美元的奖金，通常二等奖获得者只有四五个人。而这一轮获奖者的共同点是：他们都看过小饼干纸条上写的数字。媒体随后蜂拥而至，从玛莎·斯图尔特的女儿到《纽约时报》，每个人都前来拜访。

"在中奖之前，每个人都知道幸运小饼干，但没有人知道云吞食品，"德瑞克说，"现在大家都知道这家公司了。"

幸运饼干对美国人的部分吸引力在于它的神秘。"大家都想要一个算命先生。"他的语气中带着一丝意外。最开始，云吞公司在小纸条的背面印上"幸运数字"，把自己跟竞争对手区分开来。数字是计算机随机选择的。

现在，小纸条用英文、西班牙文和法文印刷。在公司前台，德瑞克的营销团队成员给我展示了一堆橙色的塑料印刷板。"这是小纸条的数据库。"他开玩笑说。每隔两年，公司就会换一批新的小纸条。德瑞克对小纸条内容的来源含糊其辞，只说是"外包"的。但在最近的一次访问中，德瑞克告诉我，云吞食品准备在小纸条上做一些创新。"我们请了一个华人，"他说，"专门写中国谚语。"

德瑞克每周都会收到数百封邮件，询问这份关于撰写小纸条的"令人梦寐以求"的工作。似乎每个人都想成为他人命运的作者。一些申请人甚至发来了简历。"各种各样的人都想做——全职、兼职、自由职业者。他们都觉得自己是合适的人选。我们甚至还没正式发出招聘启事！作家、教师、艺术家，什么人都想做这份工作。人们认为这是真正的算命。"

大家这样想，德瑞克也可以理解。他喜欢吃幸运饼干，"特别是又热又新鲜的时候，质地和口感与那些已经包装好的饼干有很大不同"。他也喜欢读小纸条。他说，有些小纸条能够鼓舞人心。但他从来没尝试过自己写一个。

尽管幸运饼干行业在历史、位置和分销方面仍然与唐人街联系在一起，但它正在迅速成为主流——在销量和市场方面，它已经是了。近年来，暗藏小纸条让饼干成了一种流行的销售噱头，还有什么比这更美国的呢？饼干上蘸着巧克力，撒满了糖屑，旁边是马提尼酒杯，在黄色笑话和订婚戒指旁边烘烤。它们也出现在一些政党的竞选活动上。

幸运小饼干是美国华人身份结构的重要组成部分。从唐人街的地下室里成长为一个全球性的产业，小饼干成就了自己。听从它的建议，你可能会大获全胜。你可以成为任何你想成为的人。这不是小纸条上的一句话，但它可以是。

"CHINATOWNLAND"标志，洛杉矶

图片来源：徐灵凤

第 7 章

# 唐人街地标

## 好莱坞和唐人街的长期合作

1951年，朝鲜战争期间，30岁的本·冯正在服兵役。他坐在马里兰州某间昏暗的影院里，与众人一同观看一部名叫《北平快车》的大众电影。这部黑白电影中，主角是由约瑟夫·科顿扮演的联合国军医——他因为在《公民凯恩》和《第三人》里的精彩演出而红极一时，他的旧情人则由法国女演员科琳·卡维特饰演。二人在这列上海开往北京的"北平快车"上碰巧重逢，这位善良的医生正要赶去给一名将领做手术。这时一帮土匪上了车，抢劫了乘客的财物，还绑架了他们。当晚，影片中的第一段打斗正在这面马里兰的银幕上展开，而本·冯看这段肉搏看得正入迷。突然镜头一转，画面对准了一名手持机枪，向着整个场景疯狂扫射的劫匪。此时他不敢相信自己的眼睛，他站起来指向屏幕：

"嘿！"他大喊，"那是我家小弟！"全场观众报以掌声和欢呼。

本·冯不知道的是，在洛杉矶老家，他最年幼的弟弟汤姆一边为兵役的事发愁，一边跟高中同学闲逛，却偶然接触到了本地一门蓬勃发展的生意。"我们踏入了一个虚幻世界。"汤姆最近跟我讲道。这"虚幻"既是指电影产业，也是指和他一样恰逢服役年龄的年轻人面对动荡战局时心中的不安。朝鲜半岛刚开战的时候，汤姆正在当地的社区大学就读，也常在唐人街出没。某天晚上，在市中心一家保龄球馆里，星探找上了他。汤姆回忆道："他们说，'我们要招几个东方脸的群演'。他们一天给25美元，可以说是巨款了。当时我们得有一半的时间身无分文，能想象吗？我告诉他们我会端机枪，所以每天还能再多拿25块，"他一边回忆一边笑道，"其实我不会。"

虽然二战后的美国对于亦敌亦友的远东抱有兴趣，但是20世纪50年代的好莱坞还没有在中国和日本实地拍摄，于是他们只能把摄像机和剧本拉到洛杉矶的唐人街。在美国观众的想象中，中国和唐人街一样，一直都是危险、刺激、神秘的代名词。在罗曼·波兰斯基1974年划时代的杰作《唐人街》里，杰克·尼科尔森接住了那句经典台词："忘了吧，杰克……"但谁又能真的忘却？其实在洛杉矶的历史上，唐人街和电影业的合作可以追溯到更久远的年代。

从20世纪20年代到50年代，唐人街一直是好莱坞招募亚裔演员的去处。尤金·梅是南加州华人历史协会的一名项目主管，在唐人街生活多年，她说："当年住在唐人街的人，都难免参与到电影产业里。"在历史协会的图书馆里，我见到了本·冯，听他讲起了他小弟在好莱坞的经历。本是协会的常客，为了进一步走近华人社群，他最近搬进了唐人街的一间公寓里。

如果有电影想拍异域风情，首选的外景地就是洛杉矶市中心东北角的唐人街。查理·卓别林和巴斯特·基顿都在唐人街取过景[1]。这里有曲折的暗巷和华人面孔的本地居民，简直是理想的取景地，用洛杉矶华美博物馆馆长宝琳·王的话说，"外景都是现成的，还自带男女演员"。在电影里，洛杉矶唐人街可以是其他地方的任何唐人街。时至今日，这里仍然笼统地代表着亚洲的"无名街巷"，任好莱坞制片人装扮。

华美博物馆位于卡尼尔大厦楼内，这是一幢建于1890年的历史建筑，也是洛杉矶最早的唐人街如今仅存的痕迹。1933年，为了腾出土地建造联合车站，老唐人街被整个拆除，取而代之的是富丽堂皇的布道院风格车站。1938年，两个新唐人街在周边落成：一处叫作"中国城"，另一处就叫"新唐人街"。这两个新社区一如既往地参与到好莱坞的产业中：有些居民不光在电影里扮演角色，还开起了出租道具的小商店，店名就叫"亚洲货租赁"之类的。中餐馆也同样在迎合好莱坞的需要：电影人喜欢在张灯结彩的华丽餐厅里，用他们心中的"中华名菜"招待客人[2]。纽约唐人街是大城市的代工厂，洛杉矶唐人街也一样。几十年来，这里的华人社区一直以某种方式扮演着好莱坞的"家庭办公室"。

希尔街是洛杉矶唐人街的主干道。这条街上有片杂草丛生的空地，铁丝网围在四周，里面竖立着一块标牌，支架撑着方块形的白色大字，上面写着"CHINATOWNLAND"[3]。这明显是在模仿洛杉矶著名的"好莱坞"地标——"好莱坞"标志建于1923年，最初是当地房地产项目的广告，标牌原本的字样就是"HOLLYWOODLAND"。这块唐人街标志显得很突兀：它本来是安德烈·易（Andre Yi）于2002年创作的艺术品，原定展示几个月后就拆除，如今却成了这块空地上的一个地标。附近的居民大多不知道这块标志的来历，也不明白它的意义。而对我来说，这块残存的标志象征着洛杉矶唐人街和好莱坞源远流长的联系。这份联系如此重要，却不为人所知，渐渐被遗忘。

对洛杉矶的华人来说，20世纪30年代是一个转折点。威尔·高是南加州华人历史协会的社区史学家，他在最近的口述史项目《唐人街不曾遗忘》（*Chinatown Remembered*）中，采访过三四十年代住在唐人街的老街坊。威尔告诉我，电影业的繁荣和华人社区的巨变共同成就了那个时代，促成了一个好莱坞化的唐人街。那十年里，唐人街出身的电影明星黄柳霜在洛杉矶拍片，唐人街长期占领着《洛杉矶时报》①的花边新闻版。唐人街这片"异域飞地"也是演员和电影人聚会的去处。1935年，瑞德·肯德尔在专栏文章《好莱坞趣闻逸事》里绘声绘色地写道："尤娜·默克尔②请朋友到唐人街吃大餐⁴，然后逼着他们拿筷子把饭吃完……"人们在这里嬉笑怒骂，彻夜饮酒，唐人街是他们逃避现实的夜生活乐园。老唐人街被拆毁之后，为了不失去这个洛杉矶著名景点，也为了让超过2500名被迫迁走的华人居有定所⁵，新唐人街的建设被提上了日程。

　　1938年6月，"中国城"和"新唐人街"先后开张，两个唐人街互相竞争，展开了一场"唐人街大战"。"新唐人街"由华人协会成员领衔，筹建者包括著名华商司徒元发。"新唐人街"中心广场建在意大利裔社区旧址上，被北百老汇大街和卡斯特拉街合围。新唐人街的宗旨是自力更生⁶："我们决不能回到贫民窟，我们有能力为

---

① 一份在当时颇有影响力的洛杉矶当地报纸，后与《洛杉矶先驱快报》合并。——译者注
② 好莱坞著名女演员，于1956年获得托尼奖，1961年获得奥斯卡提名。——译者注

自己埋单，靠自己立足。"这可以说是美国第一个有整体规划的唐人街。新唐人街首先要安置老唐人街的商家和住户，为了回应当地居民的关切[7]，也为了吸引游客，新唐人街规划了干净的现代化街道、餐馆和商铺，有气派的东城门和西城门，还有"金陵路"这样的窄巷子。1935年6月28日，《洛杉矶审查员》上登出整版广告[8]，欢迎读者"在洛杉矶享受古老中国的魅力"。开张剪彩当天，新唐人街请来了京剧演员和舞狮团，加州前州长弗兰克·梅里亚姆和时任总领事的张紫常也前来致辞。

相隔几个街区，竞争的另一方坐落在大街和春街之间。"中国城"[9]由社会活动家克里斯汀·斯特林主持开发。斯特林为了实现自己对东方的浪漫幻想，甚至把塞西尔·德米尔在电影《大地》里用到的道具也搬了进来——这部1937年的电影改编自赛珍珠同名小说，拿下了当年的奥斯卡金像奖。"中国城"在6月7日揭幕，比"新唐人街"早三周，它干脆把自己打造成了真正的电影片场——里面甚至有一间房，是照着《大地》里的男主角王龙家复制来的（一张门票五美分）。从建筑师、电影布景师，还有派拉蒙影业的建设主管，都对"中国城"的设计建造提出了建议。街上有给游客坐的黄包车，还有若干家古玩摊，每家都有穿着古装的华人店员。白天，住在当地的华人小孩会打扮成农民，晚上，他们再换回日常的衣服。在"中国城"，现实和电影的边界模糊了。在"中国城"主题公园里，最典型的中西结合产物是"中国汉堡"。

"它里面夹着豆芽菜，"埃斯特·李·约翰逊说，"除此之外，跟别的汉堡没什么不同。"埃斯特是在老唐人街长大的华裔，20世纪三四十年代，她住在洛杉矶路，年轻时在中国城一家面包店打工。半个多世纪以来，她作为替身和群演参与过上百部影视作品，跟格里高利·派克、贝蒂·格拉布尔、约翰·韦恩等好莱坞巨星合作过。埃斯特的艺名叫埃斯特·莹·李（约翰逊是她丈夫的姓）。和埃斯特、汤姆·冯这些群众演员交谈时，我发现在那个年代，参演电影的经历在他们看来特别稀松平常。

他们能当上群演，有一部分要归功于像汤姆·古宾斯这样的人[10]。20世纪30年代，古宾斯为很多剧组做华人选角导演和道具供应商，他的东家就包括《大地》剧组。埃斯特回忆道："他是白人，但能说一口流利的汉语。当年我家和他家都住在洛杉矶路，就隔一个路口。"古宾斯出生在中国，家人是英国驻华外交官[11]。住在唐人街之后，他把很多当地小孩请来，在电影里扮演"难民"或者"苦力"。埃斯特演的第一个角色就是《大地》里的农家女。"那时候，他的店门前有大巴车停着，我们上车，车就把我们拉到摄影棚。我们小时候也没那么严的规矩——不需要有监护人。唐人街的男女老少都被挖去拍电影。"

接下来的10年里，中国城成了广受欢迎的旅游景点和商场。中国城有个别名叫"中国电影城"，它是按照好莱坞对美国唐人街的想象量身打造的。与此同时，好莱坞在拍摄中国、日本、朝鲜、菲律宾——还有唐人街本身——的电影里，招募当地的华人当群演，也塑造了美国人对亚洲、对亚裔的看法。从1937年中国的抗日战争开始，到二战全面爆发，再一直到50年代中期朝鲜战争结束，美国拍摄了大量的战争片，其中不乏亚洲面孔[12]：1938年的电影《马可波罗历险记》里，王宫和大战两个场景需要600名华人群演。还有一些其他的大制作电影，比如《生死恋》，还有亨弗莱·鲍嘉领衔主演的《乱世情天》，背景分别设定在中国香港和中国内地。两部电影都在1955年上映。埃斯特记得，在这种大片的拍摄过程中，"整个唐人街基本都参与进去了"。她和朋友们经常作为群演参与，为了帮选角导演，他们会把能想到的所有人都叫来，因为人手永远都不够。整个唐人街好像都加入了好莱坞。

然而到了20世纪50年代，中国城已不复存在。木头搭建的路边摊、餐馆和商店先后毁于两场大火：第一场在1939年的春节，第二场在1949年。火灾之后，中国城再未重建，中国城的旧址现在改建成了停车场。新唐人街更现代，同时享受着华人协会的资金和文化支援，因此成了"唐人街大战"的胜利者。二战结束后，新唐人街增建了西广场，每家商铺的二层都是住宅。今天的洛杉矶唐人街仍然围绕着新唐人街展开。二战时期的"巨星中餐厅"如今转型成了爵士俱乐部，而中央广场上最早几家礼品店之一的"国珍公司"，至今还在营业。同时，画廊、精品服装店这样的新商铺正在搬进唐人街。在中国城毁于大火的时代，华人已经开始移居到洛杉矶附近的其他地方；往南去，华人制造商和批发商住在"城市市场"附近，那是当地菜农早年间创立的农贸批发市场；另一部分华人则在老唐人街的边缘地带安了家。华人搬迁到圣盖博谷，在周边形成了好几个华人聚集区（蒙特利公园，阿罕布拉）。老唐人街、新唐人街、中国城和后来出现的"族裔聚居郊区"有个重要的区别[13]：唐人街是华人在种族歧视和经济文化的重压下建立的，而后者则是华人自己的选择。华裔如今更富裕了，开始向更高的阶级流动，这就是最好的证明。

当群众演员虽然容易，但对唐人街的居民来说，不能当成一个事业。在当年，即使是黄柳霜[14]、陆锡麒、邝炳雄这样的知名华裔演员，也会因为中国人身份拿不到重要角色。《大地》里有无数华人群演在背景里扮演农民，但主角还是贴了双眼皮、化了浓妆的白人演员。

谈起白人扮黄种人的惯例，埃斯特说："当年大家对这种事已经习惯了。他们会让玛娜·洛伊去演中国女人，让白人男演员去扮陈查理①。过了很久之后，他们才开始有所松动。就算是顶级演员也会在新唐人街或者中国城里开餐馆开小店，因为他们只靠拍电影不足以养家糊口。"

作为好莱坞第一位华裔明星，黄柳霜的名字广为人知。1905年，黄柳霜出生于老唐人街，自幼热爱电影。她从中文学校里逃课，就为了去五分钱影院看场电影。为了演自己编的戏，她叫上弟弟帮忙。没事的时候，她就在唐人街上的片场附近闲逛。和唐人街的上百名其他居民一样，黄柳霜的父母也经常当群演¹⁵，后来，黄柳霜溜上了一辆开往摄影棚的大巴。1922年，她在电影《海逝》里出演主角莲花，《海逝》是中国版的《蝴蝶夫人》。这部电影成了好莱坞第一部大量发行的彩色长片，黄柳霜自此一炮走红。不久前，我坐下欣赏了《海逝》。那个时代的默片剧情很夸张，但黄柳霜情感丰沛的面庞和内敛的表演，营造出了真实的悲剧感与情绪。毫无疑问，她是整部戏里最有才华的演员。

1928年，玛娜·洛伊拿下了电影《血腥城市》中的主角，在片中扮演华人奴工，而黄柳霜只拿到了一个小角色。人们普遍认为，这次事件成了最后一根稻草，之后黄柳霜远走欧洲，寻求更正面、

---

① 美国作家厄尔·德尔·比格斯笔下的华人探长。——译者注

更真实的华人角色。美国当时的法律禁止跨种族通婚，亚裔演员和白人演员不能在银幕上接吻，就算两人扮演的角色都是亚洲人也不可以（但是黄柳霜后来在英国B级片《爪哇岛西顶点》里，还是得到了银幕上接吻的机会[16]）。后来，桂冠诗人、批评家姚强（John Yau）为她写下一首诗[17]，名为《无人试吻黄柳霜》，诗中的黄柳霜"时刻隐忍不发/她的台本是被脚踹、被手抓/被打嘴巴、被撕咬、被刀扎、被毒害、被枪杀"。

历史学家雪莉·詹妮弗·林，最近出版了一本写20世纪30年代到60年代之间美国亚裔女性文化的书，她说，黄柳霜身为唐人街的女儿，被视为"正宗中国气质"的化身[18]。雪莉写道："但因为美国1882年通过的《排华法案》，黄柳霜和唐人街里的其他华裔一样，无法从日常生活中了解中国，只能从好莱坞影棚里看到中国。"中国移民被限制入境，到了1940年[19]，在美国出生的华裔已经比在亚洲别国出生的华裔多了。黄柳霜与唐人街的群演们和其他人一样"美国"，哪怕好莱坞从来没有把他们当美国人看。

黄柳霜在英国和德国取得了成功。在《唐人街繁华梦》中，她饰演的洗涤女工后来成了夜总会巨星；在一部德国轻歌剧①

---

① 轻歌剧（operetta），肇始于17世纪至18世纪的小型戏剧作品，结构短小，活泼轻松，也被称为小歌剧。——译者注

中，她以流利的德语登台表演，赢得满堂喝彩。1930年，黄柳霜回到好莱坞，后来的几十年里，她一直在为自己争取更好的角色，直言批判社会对华人的刻板印象。"为什么电影里的华人几乎都是恶人？"1933年，接受《电影周刊》杂志多丽丝·麦凯专访时，黄柳霜直白得惊人，"而且恶得那么粗鄙：残暴、奸诈、阴险。我们不是那样的。我们的文明比西方古老得多，我们怎么可能像电影中那样？"黄柳霜最失望的一次，是米高梅把《大地》里的主角阿兰给了别的演员，因为阿兰的丈夫王龙是白人演员保罗·茂尼把脸涂成黄色演的。1961年黄柳霜去世，去世之前，她正要参演电影《花鼓歌》，讽刺的是，这部背景设定在旧金山唐人街的影片，成了好莱坞第一部几乎全由华人参演的电影。埃斯特在《花鼓歌》里充当女主角关南施的替身，她告诉我，她记得在整个剧组里只有一名白人演员，扮演一个微不足道的园丁。

黄柳霜去世后，《时代周刊》登出了讣告[20]："黄柳霜于1961年2月10日殁，享年54岁（实为56岁）。洛杉矶当地洗衣工的女儿，在父亲'每次摄影，都会摄走一部分灵魂'的反对下，成为电影明星。她是影坛头号东方女反派，在电影里死过成百上千次，最终因心脏病在加州圣莫尼卡市去世。"

"一路轰鸣，穿越中国！冒险家、医生、盗贼、教士……一同搭乘危机四伏的北平快车……阴谋四伏，惊悚不断，在战火纷飞的东方大地飞驰！"电影《北平特快》的海报[21]上印着这段用词浮夸、博人眼球的宣传语，上面的字体向右倾斜，显示着速度感和刺激。

　　和当时的其他电影一样，《北平特快》的配角和群演大多数是华人，但头号华人反派却由白人演员马文·米勒饰演。在20世纪中期，这是一种惯例，把"危险""恐怖"和中国以及中国人联系到一起也是惯例。我最近去拜访了汤姆·冯，就是那个在《北平特快》里扮演土匪的群演。他跟结婚50年的妻子邦妮住在阿罕布拉。阿罕布拉在洛杉矶唐人街以东七英里，是一片市郊社区，附近有漂亮的林荫道和刷了白色灰泥的房子，主干道上有大型连锁超市。在1951年首秀（也是唯一一次）之后，汤姆做了很多年航天工程师。他今年78岁，退休之后他开始画水彩画，如今已经成了成功的画家，他在当地大学授课，在全国各地开工作坊，夏天他会带学生去约塞米蒂国家公园写生。半个多世纪过去了，他仍然清晰地记得自己当年演土匪的经历。

　　"对，我就是电影里的坏蛋。"我们在汤姆家客厅里品茶的时候，他大笑着跟我说，"在派拉蒙的影棚里，他们搞来一列能动的火车当布景。我们哥几个一大早就过去，他们让我们换上戏服。我们大多数时间都在旁边打牌，等着他们喊人。一天下来可能什么也没干，但还是能拿25美元。"

《北平特快》让他当了15分钟名人。"我在戏里可没少杀人，因为他们把那段镜头重播了一遍又一遍。"汤姆伤感地叹了口气，"那部电影我只看了一遍，如果现在能有一份拷贝该有多好。"

汤姆只演了一部电影，但他在唐人街有很多做群演的朋友。他能背出一长串名字：贝蒂·王、阿尔伯特·朱、罗茜·朱、拉里·陈、露丝·梁、埃斯特·莹·李、苏·胡兄弟……群演之间联系紧密。如果你恰好在对的时间，出现在对的地点，就会有人拉你当群演。汤姆看过很多战争片，但他不会像自己的哥哥本·冯一样，看熟人出镜就大惊小怪。"我去看电影的话，就会说'那个是沃尔特'，'这个是谁谁谁'。他们好多人都演过日本鬼子，我们在电影里认出他们，然后就开始笑。"

我和汤姆的朋友罗斯·朱聊了聊。她做了几十年的童星经纪人，她记得，当时唐人街里的人相互认识，剧组招人的消息基本都是口耳相传。当群演是认识新朋友的好机会，还能挣点额外收入。她说："你不用真当演员，只要过去凑个人头就行。"尤其是拍战争片，需要用到亚洲面孔的时候。罗斯的丈夫经常在电影里凑数，如果他们听说电影里需要小孩，会带着孩子一起来。他们的儿子克雷格八岁时，参演了1968年摄制的《绿色贝雷帽》，约翰·韦恩是主演。这部电影讲的是两支精锐特战队在越南打仗的故事。对克雷格来说，跟约翰·韦恩一起在佐治亚山区拍戏的经历至今也是他人生的高光时刻之一。

演戏固然很愉快，但我也想知道唐人街的群演们怎么看待角色中"异族""邪恶"的那部分。他们明明生在美国，长在美国，却要在影片中扮演抽大烟的罪犯、卑躬屈膝的奴才，念台词时还要使劲模仿洋泾浜口音。在汤姆看来，有时候，这样的形象也说得过去。但对于美国背景的角色来说，这种夸张形象就有点儿好笑了。"在咱们这儿，不是每个厨师说话都带口音，对吧？他们有时候做得太过头了，至今也没什么进步，"汤姆讥讽地说，"我们说话都是正常口音。"

在电视剧《本·凯西》（20世纪60年代初的一部医疗剧）的拍摄现场，同事们管埃斯特叫"蛋卷"（在当时的俚语里，蛋卷是对亚洲人的蔑称），因为她是片场里唯一的华人。但她并不生气。埃斯特平静地说："影视这行就是这样的。我到处出差，我工作努力，我得到了好多的机会。我们忍辱负重，就是为了让现在的年轻人有更多选择。以前我们只能演洗衣工和难民，现在可以演律师和医生。是我们把路铺好了。"

社区史学家威尔·高估计，20世纪三四十年代住在唐人街的三五千人当中，仍在世的大概还有百来人。电影人曾奕田在旧金山唐人街出生、长大，在2007年的纪录片《好莱坞里的中国人》（*Hollywood Chinese*）中，他讲述了洛杉矶唐人街与好莱坞的联系。曾奕田说："在三四十年代，唐人街的劳动人民和电影业结合得很紧密。"这群历史的亲历者——曾奕田把他们称作被人忽视、尚未开发的"金矿"——对华人形象在美国社会的变迁有独到的见解。

这几十年来，唐人街每次改建，都以新的面貌重生，老群演们对此也有自己的看法。埃斯特说，逛唐人街曾经是"一种享受，非常愉快"。当时的唐人街熙熙攘攘，外地朋友来访的时候，唐人街是个休闲娱乐的好去处。但如今，埃斯特看到了唐人街的局限性。

"我隔一段就会去唐人街见见老朋友，但是现在也没剩下几个人了。"埃斯特说，"没人愿意被困在唐人街，这一点无可厚非，毕竟人往高处走。我们再也不用待在唐人街上的杂货店里了。"华人在演艺圈的机会与日俱增，唐人街之外的世界也已经向华人敞开了。"这就是进步。"

我问埃斯特，她在波兰斯基的电影《唐人街》里当群演，印象最深的是什么。这部电影在埃斯特从小生活的春街和奥德街取景。"哦，那个电影可拍得太久了。"她说，有一天拍电影拍得太累，她靠在一家餐厅的窗户上，窗子里后厨在忙前忙后——然后她就睡着了。

2008年6月，新唐人街迎来了70岁生日庆典——沿着宝塔顶的飞檐，唐人街经典的彩色霓虹灯重新亮起，一场20世纪30年代风格的大音乐会当街举办，曾在唐人街取景的电影被剪成了蒙太奇，和着音乐播放——唐人街和好莱坞有紧密的联系，透过镜头，这种联系又进一步扩展到了整个美国，这引发了我的思考。唐人街很复杂，虚构和现实在此交汇，在美国国土上构建起一个"小中国"。当地人在这里出演好莱坞电影，扮演着美国人想象中的东方形象。唐人街这个概念生生不息，因为美国人需要它——需要唐人街扮演坏人，成为异邦的他者，去娱乐、去激发美国人的爱国主义，去讲述善与恶的永恒故事。华人被迫扮演美国人想象中的角色，但华裔从没停止重塑种族身份和公众形象，几十年后才终于取得胜利。1987年，美国电影重新开始在中国取景[22]——史蒂文·斯皮尔伯格在上海拍摄了《太阳帝国》，这应该是1949年中华人民共和国成立后第一部在上海拍摄的美国电影了。时代冲突不断，汤姆·冯仍以身为华裔为荣。他的父亲在14岁时，独自一人从台山来到加州淘金。汤姆觉得自己很幸运："当他的孩子，我们占了美国和中国两边的优势。"他突然又想到了别的，"嘻，我本可以出生在中国，然后成为军人，而不是只在电影里扮演一个小角色。"

唐人街青年议会
图片来源: 徐灵凤

# 第 8 章

# 唐人街老家

## 分崩离析的社区里，孩子们在此相会

安妮·梁还在洛杉矶西北边的回声公园上高中低年级时，她和一个朋友决定逛遍唐人街的每一家店。尽管他们就在距离唐人街几英里外的社区里长大，但他们还是花了一年才把唐人街逛完——惊喜层出不穷。据安妮说："我们一直有新发现，角落里不知道什么时候就冒出一家没见过的书店。有一天，我们只是在路边走走，就发现了九个艺术画廊。"那天她走到橱窗前，看到房间里满是沙子，五台风扇吹得房间里飞沙走石，价签上写着这整件装置艺术售价2000美元。

和洛杉矶大多数分散的华裔一样，安妮家不在唐人街，但她的生活一直围着唐人街转，她对唐人街的了解程度远胜于自己家周边。她在唐人街的医院出生，父母是越南华裔，他们在家里说粤语，偶尔带几句越南话。"我父母英语说得不好，所以我们经常来唐人街办事，"她告诉我，"我从小就喜欢唐人街，就是有一点不好，这里人太多了。小时候我只有成年人小腿那么高，几乎没法呼吸。"她笑着说，把眼前浓密的黑发撩到一边。

　　安妮把回声公园看作唐人街的外延，两地之间仅需五分钟车程。和旧金山湾区一样，这里的华人就像一个大家庭，以唐人街为圆心不断向外扩展。移民不是在唐人街定居，就是在唐人街附近安家。如今华人移民住得更分散了，也有更多的地方能买到他们熟悉的中国食物和生活用品，但对于他们孩子来说，唐人街是无可取代的，在这里孩子们重新寻回了自己的文化身份，比去蒙特雷帕克[①]的购物中心更有意义。

　　安妮对唐人街的理解让我印象深刻。我问她，比起其他华人飞地，唐人街的优势在哪，安妮回答道："在蒙特雷帕克和圣加布里埃尔，你能找到大商场和星巴克——购物才是主要的目的。虽然有些新移民也会在那里安家，但它还是商业气息浓郁。那些地方很

--------

① 位于洛杉矶东面的小城，主要人口为华裔，有"小台北"之称。——译者注

好、很新，但感觉不同，唐人街像我的另一个家，我喜欢四处逛逛，观察附近的变化。"对安妮来说，探索唐人街是她和朋友们社交的方式，同时也是她建立身份认同的过程——她今年18岁了，即将升入大学，在第一次离家求学之前，她得弄明白华人社区对自己的意义。

身为一个外人，我对洛杉矶唐人街没什么特殊感情，但从当地人口中，我听到了一个引人入胜的故事。在唐人街散步就像一场穿越历史的朝圣之旅，老建筑和新大楼之间分布着一座座小购物中心，四条车道、六条车道的大路上车水马龙、交通繁忙。唐人街位于洛杉矶城区的边缘，南端是老唐人街的卡尼尔大厦[1]，这栋楼在20世纪初曾是唐人街的市政厅。一天下午，我从卡尼尔大厦一路向北，走过占据了旧唐人街、后来导致旧唐人街消亡的联合车站，在曾是中国城，但如今改建成大型停车场的空地上漫步。走到110高速公路入口附近时，我看到了很多购物中心——竹林购物广场、王朝中心、远东广场——在新唐人街的中央广场建成之后的几十年里，它们接连开张。

在这个动荡的年代，唐人街孩子们的命运和历史交织在一起。在华美博物馆里，学生们会仔细阅读关于1871年洛杉矶华人大屠杀的展览介绍：以一名白人男性意外中枪为导火线，500多名洛杉矶人借机冲入唐人街，抢劫杀害当地华人居民，有19名华人在暴乱中被杀。周末，青少年们呼朋引伴在街上闲逛，喝着珍珠奶茶，在商店外面的小摊上挑选便宜的小饰品。在唐人街中央广场，我坐在一棵须子长长的棕榈树树荫下，看着武术团里身穿亮橘色练功服的年轻人准备给游客做表演，小学生骑着自行车兜圈，兴高采烈地恶作剧，朝路人扔摔炮。我走到一个街区以外，跟在一对年轻夫妻身后，他俩手牵着手走进了凤凰面包店——这是一家唐人街的标志性蛋糕房，招牌是俗气的粉蓝色，70年来一直宣传"生日蛋糕驰名唐人街"。不是每个人都对唐人街往事感兴趣，但引人入胜的传奇故事一直是唐人街的迷人之处。

安妮就是被唐人街传奇吸引的人之一，她设法理清了这些故事的脉络。第一次见到安妮时，她正在南加州华人历史协会的前台工作。历史协会办公室设在唐人街北部一栋蓝红相间的维多利亚式小楼里，在一个明媚的春日午后，我和历史协会的项目主管尤金·梅站在门廊处，他是个很健谈的人。门廊栏杆边，一大片不规则的迷迭香灌木在阳光下散发出芬芳。尤金回忆道，20世纪40年代，他的父母在洛杉矶开了一家当时很常见的夫妻经营的杂货店。对他来说，唐人街是全家出动参加婚礼和宴会的地方，是拜访爷爷奶奶的地方。"50年后我还是没有离开唐人街。"我们看着孩子们穿过马路放学回家，尤金若有所思。

安妮的朋友经常来这里找她，而她会和朋友分享她从尤金那里听到的唐人街逸事。她承认，一开始她知道的并不多。一天放学后，安妮对我说："尤金和协会的同事第一次问我对唐人街了解多少时，我很紧张。"我们在一家名叫"西方第一龙门客栈"（真是大言不惭）的旅馆边找了一处露天咖啡桌，点了茶水和草莓苏打。"我对历史知之甚少——洛杉矶竟然曾经有三个唐人街。真的很有意思，我在这儿从小长到大，然后突然从完全不同的角度看待它。"

当安妮得知20世纪30年代建成的中央广场属于新唐人街的一部分时，她非常困惑。"我说，'等一下，中央广场难道不是老唐人街吗？'"她笑着说，"我这个年纪的孩子都叫它老唐人街，因为它看着很旧，而且在那儿闲逛的都是老人。"她说，在历史协会工作有助于她搞清这些术语，也让她更了解唐人街的前世今生。

安妮做出一副惊讶的样子拿自己调侃，在第一次了解到唐人街20世纪三四十年代的历史时她也是这么震惊："什么？！那时候这里竟然有中国人？"在学校里，他们只学到过加利福尼亚修铁路的华工。"你知道中国人是怎么从美国历史书里隐身的吗？"她的话出乎意料的辛辣，"你从来没想过，但现在你发现，'哦，原来我们中国人早就定居在这儿了'。"就像旧金山唐人街的孩子们用社区工作来寻找自我一样，安妮也发现对过去的历史了解得越多[2]，对自己在社会中处境的认识就越清晰。安妮总结道：我们属于这里。我们被困在中美文化之间。唐人街是我们的归宿。我们知道得越多，就越能看到唐人街的变化之快。

小小年纪，安妮已经注意到唐人街的常住人口正在老龄化——现在的居民主要是老年人，还有一部分从中国迁入的新移民。"我们发现在周末，唐人街的游客比本地居民还多，"安妮说，现在唐人街的礼品店已经比生活用品杂货店还多了，"有些餐馆老板是看着我长大的，唐人街社区就是这么关系紧密。但现在新人搬进，老居民搬出，唐人街已经和从前不一样了。"

在安妮小的时候，街上几乎看不到游客。在一群华裔之中，一个戴着帽子的游客杵在人行道上，显得非常突兀。"孩子们会说：'外地人来啦！'但现在游客无处不在。有一次，我在唐人街见到一家子游客，头上都戴着旅行的小帽子。拍照的时候，他们齐声喊：'一二三，说，中国人！'我心说，这些人在搞什么？！我和朋友就在旁边学他们，大喊：'我们是游客！'我们倒是没有被冒犯，更多的是为他们的无礼而震惊。有的游客来唐人街是为了感受中国文化，但另一些人根本不在乎，他们只看见了折扇和灯笼。"唐人街随处可见的廉价扇子和灯笼让游客们感到新鲜，但事实上，他们从未看见真实的唐人街。

在安妮看来，农历新年是唐人街一年中商业化气息最浓的时候。她记得小时候过年，街上挤满了盛装出行的中国人，他们放鞭炮，看舞龙，看赛会。安妮说，现在来参加过年活动的几乎都是游客。"没有文化氛围。"她向我解释道，"新年本来是唐人街居民聚在一起共同庆贺的日子，没有各种赞助商，那时的新年更有意义，"她停顿一下，喝了一口草莓汽水，"现在，过年只不过是一种表演罢了。"

虽然安妮和她的朋友们大多都搬出了唐人街，但他们还是会回到唐人街聚会。每周五放学后，他们都会在这里参加唐人街青年议会的例会。比起正经的会议，这更像是孩子们打着开会的幌子来聚一聚，但对学生们来说，找个聚会的场地和理由是件要紧事。

丹妮·普拉塞特是一位课后项目助理，她从小在唐人街长大。丹妮告诉我，孩子们加入青年议会主要是为了找个伴儿。"和其他城里的年轻人一样，这些孩子们不知道怎么打发时间，城里可玩儿的地方不多，"我们看着学生们围成一个个小圈子，丹妮为大家准备了小吃。在高中生开会的时候，初中生会帮丹妮一起用电脑处理工作。"孩子们需要一个舒适圈，需要一个小团体，他们和其他亚裔学生待在一起很自在。"丹妮是泰国移民，她的家人在她还小的时候搬进了唐人街，加入了亚裔社区，她至今仍然住在唐人街。这里的人种构成日渐多样，东南亚裔和西班牙裔居民越来越多。

她深知唐人街孩子们面临的困境。"孩子们不想出门，因为无处可去。外面还有小混混组成的帮派，"她笑着说，"现在我年纪大了，已经不害怕他们了，但我小时候被这些人吓得不敢出门。"

我在这里遇到的学生几乎都是一代移民的子女。他们的父母大多做建筑工人或者其他体力活，几乎所有孩子都不得不帮父母翻译英语。大部分人祖籍都在中国——有些孩子的父母是从越南来的。所有人都认同，唐人街是亚裔的舒适区。

我坐下来听孩子们讨论，偶尔提一些问题。他们讨论的话题时而好笑，时而让人难过，时而则耸人听闻。我听过美国各地的少年谈论唐人街，他们最明显的共同点就是对自己的所见所闻直言不讳。他们的话匣子是一个拧开的水龙头：不加过滤，偶尔有歧义，但总是真诚地倾泻而出。

乔伊是一名外向、健谈的高二学生，她和自己的姑姑叔叔一起住在街对面。她告诉我，虽然她很喜欢唐人街，但她不喜欢自己家。"因为我们住在酒水超市隔壁，附近有很多醉鬼，"她说，"我从两岁起就住在唐人街，我知道这里很安全，但那些喝醉的人真的很烦。"

"小时候，我曾经认为在唐人街买到的所有东西都很酷，玩具和模型都被我奉若珍宝，"一个名叫马文的男孩说，"但现在我长大了，才发现那些都是低技术含量的东西——人们为了谋生，只能卖点儿便宜货色。真的有点儿可悲。"他拉了拉灰色连帽衫的绳子。

另一个名叫阿尔伯特的男孩说："是的，我想唐人街的大部分商店都是面向游客的，只有几家杂货店和餐馆是给本地人开的。你想买双拖鞋，结果只能买到两美元一双的廉价拖鞋。"他耸了耸肩，"根本没人想买。"

但阿尔伯特也知道，唐人街的很多人都靠做游客生意为生。"在某种程度上，能赚钱是好事，但这也让人感觉唐人街很不真实——显得这里又廉价又俗气，只是一个赚快钱的地方。"他补充道。这种矛盾——如今唐人街的游客已经比居民还多，但当地人又需要游客来生存——引出了一个复杂的问题：唐人街究竟属于谁？

当谈到来唐人街的理由时，阿尔伯特的回答很简单："跟朋友玩儿。"坐在他旁边的一个女孩表示认可，并补充道："学校就在附近。"她住在回声公园，那里的生活很单调。其他的孩子们会炫耀，他们来唐人街上中文学校，下馆子吃美食，逛街买书买杂货。

安妮说唐人街是她心中的市中心：有需求的时候，她第一个想到来唐人街买。其他孩子纷纷附和。"如果你想买小东西，来唐人街最方便。"阿尔伯特说。

"比如说中国菜。"乔伊说。

"但中国菜不健康，"一个戴眼镜的瘦小男孩说，"所以你才减不了肥。"整个房间都炸开了锅。

"等等，你不是一辈子都在吃中国菜？"阿尔伯特反问，"那你妈妈做什么菜？"

"越南菜。"男孩回答道。房间里又是一阵大笑。"还是有区别的，越南菜和中国菜不完全一样。"有人小声表示赞成。

"我妈妈说味精吃多了会脱发。"有人补充道，人群中传来一阵抗议声。

"我剃了光头，"阿尔伯特说，他笑着摸了摸自己的发楂，"我愿意吃味精然后当秃子。"

欢声笑语背后，除了购物、美食和旅游，孩子们也讨论了严肃议题。他们认为唐人街对新移民来说非常重要——餐馆、服装厂、纪念品商店给了他们工作，廉价公寓给了他们住所。尽管孩子们抱怨这里的商业化、景点化和脏兮兮的街道，但唐人街对他们来说仍然有着独特的吸引力。在这里他们感到安心，他们说，唐人街和其他地方不同，这里有种亲切的感觉。

阿尔伯特的家人带他回过好几次中国，以免他"忘本"。"我在中国探望了亲戚，吃了很多闻所未闻的食物。"对阿尔伯特来说，这些旅行只是让他看清了一个事实：他的父母固守中式思维方式，而他则是另外一种人——华裔美国人。他讽刺地说："当我在家里说英语时，他们会用中文吼我。"一个叫玲玲的女孩说，她的父母已经放弃了让她说中文，尽管他们还是坚持用中文和她说话。马文说，他爸爸总想让他说普通话，但他们真的聊起天来总是一半英文一半中文。蹩脚的英语是中国移民的标志，而蹩脚的普通话是美籍华人的标志。

在安妮"逛完唐人街所有商店"的宏大计划里，她走进了很多旧书店。她从没上过中文学校，尽管她能说一口流利的粤语，但她完全不会读写汉字。这些书店里的中文书唤醒了她心中的某种情感。"去年，我开始很在意这件事，我意识到自己看不懂中文。我的朋友在中文学校念书，中文很好，她说她可以教我中文。我学会了用中文写自己的名字。"AP考试①在即，功课越来越紧张，安妮和朋友暂停了午休时间的中文小课堂，但她并不打算就此结束。

"你知道最倒霉的是什么吗？我的学校明年就要开中文课了，但是我今年就毕业了！我学了三年西班牙语，但我真正想学的是中文。上大学之后我还要继续学中文，这样我就可以给我妈妈写信了！"安妮告诉我。

唐人街是一个具体的地方，但它也是一种抽象的思想。移民文化如何在美国主流社会里生存？唐人街是这个问题的答案。安妮说，如果她没有住在唐人街附近，她就不会接触到粤语。事实上，

---

① AP即美国大学预修课程，AP考试的成绩是美国大学的重要录取依据。——译者注

安妮在和妈妈交谈时会搜肠刮肚地想一个词用粤语怎么说，一旦想不出来，她就会很沮丧："我和妈妈谈学校里的事，我想说的是'历史'，但我只能说出来'今天上课我们讨论了很久很久以前的事'，我不知道确切的术语是什么。妈妈有时候会问我学习上的问题，但她只知道医生、律师、会计。如果我想说'工程师'，或者试图和妈妈讨论科学问题，那就说不明白了。试了几次之后，我们渐渐就不再讨论这些话题了，因为我不知道该怎么说。"

安妮和妈妈很亲密，我们在唐人街的一家咖啡馆里见面时，是她妈妈来接送的。我问安妮怎么看待她自己的越南血统，她说："我不觉得自己是越南人，因为我从未接触过越南文化。我妈妈总是带我们了解中国文化，我曾经以为我是美式思维，但后来我发现自己和中国文化更亲近。"她笑着解释这种矛盾，"我认为我介于两者之间。我们毫无疑问是美国人——我是说我和我的朋友们。当我们看到唐人街里的人乱穿马路，我们会觉得，'你应该遵守交通规则！'我妈妈就会说，'哎呀，你们这些小美国人！'但有时我们又真的很像中国人，我们有时候忍不住会骂，'该死的美国人！'很有意思，因为我们自己就是美国人。我们夹在两种文化中间，我们既是美国人也是中国人。我很欣慰我的朋友也跟我一样。"

安妮和她的双胞胎妹妹琼妮都将在秋季入学加州大学伯克利分

校。她们还没有参观过校园，安妮承认她有点儿害怕——这还是家里第一次有人走出洛杉矶。她基本没去过洛杉矶都会区以外的地方，上一次出门还是10岁时去拉斯维加斯旅游。但是一想到搬到加州后就能去旧金山看"真正的唐人街"，安妮就不那么紧张了。

"我们两姐妹真的很喜欢唐人街，我们想去纽约唐人街、旧金山唐人街，甚至想去墨西哥唐人街。在墨西哥城有一个唐人街——这是我墨西哥的好朋友告诉我的。"她透过厚厚的黑发对我笑，露出两排白牙，"他说那里的中国人能说一口流利的西班牙语。"她很好奇其他地方的中国侨民是什么样子，旧金山因此成为她必去的目的地。

"我想去旧金山主要是因为唐人街，"她若有所思地说，"它就像我在远方的一个家，我知道就算我身处一个完全陌生的地方，也不会感到失落。"同时，安妮觉得在旧金山唐人街有更多的惊喜等待发掘。"我们早就听说旧金山唐人街很特别——它就像中国国土外的另一个中国，"她告诉我，"反正别人是这么说的。"对于一些华裔来说，唐人街是陌生之地的温馨去处，对中国文化的追寻可以成为他们出游的理由，无论是在美国境内还是境外。

卡斯特拉小学校长蔡卓和自己的学生

图片来源：徐灵凤

第 *9* 章

# 传道授业

## 初来乍到者的定心丸

一个春夜，唐人街，八岁的邓妍君（音译）的卧室着火了。一个电火花从她床边的插座里迸出来，引燃了床垫。浓烟滚滚，妍君因为缺氧睡得更沉，直到火焰烧到她裸露的右臂，她才惊醒。她冲出房间，穿过浴室，跑到父母和她三岁半的妹妹共用的主卧。烟雾警报器这才终于响起。

他们一家人是幸运的——虽然妍君的手臂三度烧伤，需要进行一系列的皮肤移植手术，但他们都活着走出了公寓。妍君的母亲关慧燕（音译）被这场火吓到了：她怎么能千里迢迢把孩子带到美国，然后碰上这样的倒霉事？

慧燕和她的丈夫原本在中国南方乡下过着优渥的生活，慧燕在小学教书，丈夫在一家纺织厂当办公室经理。但她的婆婆住在洛杉矶唐人街，她想让儿子儿媳一起搬来美国："全家人都在洛杉矶，你也应该过来。"2003年，他们终于成功移民。

在和婆婆的电话交谈中，慧燕得知在美国的生活不轻松，她暗自决定一到美国就去学英语。但除了照顾当时年仅三岁、还没到幼儿园入学年龄的妍君，她还要照顾婆婆，婆婆身体不好，经常出入医院。丈夫找了份开长途货运卡车的工作，为一家华人公司往全国各地运干货，经常跑一趟就是一礼拜。慧燕夫妇和公公婆婆一起住进了唐人街的一套三居室，一年半后，他们的第二个女儿出生了，他们给她取了一个美国名字，蒂娜。

周日是洛杉矶唐人街最繁忙的时间之一，来自全市的2 000多位名人齐聚位于此处的第一华人浸信会。最远的会众从贝克斯菲尔德来，他们需要驱车向北，越过圣苏珊娜和圣加布里埃尔山脉，历经将近两小时车程才能到达。这里提供英语、粤语、普通话三种语言的服务，仔细听，会发现教堂附近的街上走着的家庭在用三种语言聊天。洛杉矶的华裔社区很分散，对新移民有帮助的服务都集中在这里，妍君就在浸信会办的幼儿园上学。慧燕在这里结识了很多年轻父母，还认识了专为中国移民服务的牧师沃伦·吴。"新移民去哪里落脚取决于他们的经济状况和他们的亲戚住在哪儿，"参观教堂时，吴牧师告诉我，中国人习惯于依赖熟人关系网——他认识一个会众，最终有13个不同的家庭前来投奔他，"如果他们移民时带了一大笔现金，选择就有很多，他们可能会在圣盖博买个房子。但如果他们不富裕，语言不通，没法融入美国社会，那么唐人街就是第一站。"

唐人街就是慧燕的第一站。"中国已经遥不可及，来到一个能看到自己人的地方，还是很开心的。"慧燕告诉我。离得最近的卡斯特拉小学距离教堂仅一个街区，学校办公室的工作人员和校长蔡卓都会说粤语。蔡卓是在1965年移民潮之后迁入美国的，他从小在唐人街长大，会说台山话和普通话，周围的华人家长都感到跟他很亲近。"大家只要想骂校长就可以骂校长，"蔡卓已经50多岁，性格依然活泼随和，他笑着说，"不管用什么语言骂，校长都能听懂。"

妍君长大了一些，开始在卡斯特拉小学念书，但她还是会和小朋友们一起参加教会举办的课外活动和主日学校①。很快，妹妹蒂娜也到了入学年龄，就在小学隔壁的幼儿园上学。把孩子们送去学

---

① 主日学校是基督教教会在周日早上举办的宗教学校。内容多以查经、教授基本《圣经》内容为主。——译者注

校后，慧燕开始在街对面的成人学校上英语课，她还在一家名叫"大洋海味"的人气港式餐厅兼职做服务员。

美国的生活仍然艰辛，但小小的家庭已经逐渐走向正轨。正在这时，一场大火让他们的辛勤努力付之一炬。绝望开始蔓延。

夫妻两人开始考虑搬出唐人街，但最终还是没有动身。

最让慧燕惊讶的是，妍君不想离开唐人街。"火灾之后我问妍君，'你想换个地方住吗，或者去试试别的学校？'"慧燕告诉我，这件事让一向无忧无虑的妍君很紧张，"但妍君说她很喜欢这里，她想留下。"我向吴牧师打听慧燕家的情况，吴牧师说她的决定非常典型。"她留在唐人街是有原因的。"他说，因为没有官方的移民援助制度，人们在抵达美国后都倾向于依赖种族社区和家庭关系。慧燕的公公婆婆住在唐人街，婆婆的亲妈住在唐人街的养老院，代代相传——这就是中国传统家庭纽带的力量。但是一旦在唐人街落脚，再想要离开就不是那么容易了，人们的需求高度依赖社区关系网。所以慧燕留下了。

乍一看，慧燕这样的新移民和安妮这样在美国出生的华裔小孩之间的差别好像很大，但她们定居唐人街的理由确实可以追溯到同一个源头。和慧燕一样，安妮的父母当初也曾在初来乍到之时来唐人街寻求庇护。虽然他们已经搬进了新家，但他们的女儿依然和唐人街心心相印。从亲缘关系主导的链式移民到朋友之间的相互推荐，美国华裔就像滚雪球一样形成了一个联系紧密的群体。正如历史学家邝治中总结的那样："新来的中国移民仍然最青睐三个地方[1]——旧金山、洛杉矶和纽约——它们也是美国最早的华人定居点。"

在唐人街，几乎每个人都能跟安妮搭上关系：她哥哥在教堂的篮球场打球，朋友在教堂里做志愿者。他们把教会当成了唐人街分舵，人人之间都互相认识——这就是唐人街的熟人社会。"比起教会，这里更像是小区活动室，"安妮告诉我，"对很多人来说，教会让他们感到安心，我的意思是，如果我是个新移民，不管我信不信教我都会加入，这是一个认识新朋友的好地方。"

唐人街因熟人网络而生生不息。那些摆脱了贫困迈入上层阶级的华人搬到蒙特利公园、圣盖博谷和阿罕布拉，又形成了新的华人聚集地，这是一条由唐人街开始的上升通道。对留在唐人街的人来说，他们的生活令人向往，已经搬走的人还会通过教会和亲属与唐人街继续保持联系。

在旧金山，这条通道连接的是海湾对面的里士满、访谷区和奥克兰；在纽约，通道把唐人街和法拉盛、日落公园、皇后区、布鲁克林和长岛连接起来。

直到火灾发生后，关慧燕才真正意识到她已经是唐人街的一分子了。当街坊邻里知道她家失火之后，他们的反应让她大吃一惊。

一天早上，关慧燕把女儿送到学校后，我和她在学校办公室见面，这里采光通透，布置着鲜花和五颜六色的生肖剪纸。她的短发和眼镜款式都很保守，而且表情严肃，让她看起来比实际年龄36岁要大。我们坐在靠墙的长条凳上，她向我讲述了火灾之后的事。我们见面那天，她穿的衣服有些太宽大了，因为家里的所有东西不是被火燎黑了就是被烟熏得不能要了，她只能穿朋友和熟人捐给她的衣服。

教会的牧师和主日学老师为慧燕一家人举办了一场募捐活动——简直就像及时雨。"他们经常来医院看望我的女儿，"慧燕用粤语说，"在我们无家可归的时候，在我们流落旅馆的时候，主日学校的老师还会来探望我们，探望妍君。"

慧燕最感谢的是一对来自教会的夫妇。丈夫是消防员，妻子以前是一名教师。"他们的工作都经常和孩子们打交道。"慧燕解释说，夫妻俩得知公寓失火后，从橙县的家驱车前往医院探望慧燕母女俩，在高速公路上堵了好几个小时。他们最近一次探望慧燕是在一周前，两人参观了慧燕的新家，交代了防火和用电安全措施。他们还主动帮慧燕解决"英语问题"——如果慧燕需要，他们可以帮她与房东、律师或保险理赔人员磋商。"橙县都快到纽波特海滩了，离唐人街很远，"慧燕说，"要在高速公路开很久的车才能到，高速公路还总是堵车。现在油价这么高，但他们还是愿意花时间、花钱和花精力来帮助我们。那位妻子之前出了车祸，胳膊和妍君一样打着绷带。她还疼着，但她还是来了。她以前是老师，来的时候还拿了语文和数学课本，要在妍君休学的时候给她补课，一次补几个小时。妍君快一个月没上学了，她不想让她掉队。"慧燕加重了语气，"她真的很想帮妍君。"

卡斯特拉小学的校长蔡卓和妍君的老师同学也经常来。他们给妍君写信、画慰问卡，还做了"早日康复"的标牌。我问关慧燕，她对这些关怀做何感想，她安静了下来。

"在此之前，我觉得这个时代不是这样的，"关慧燕迟疑地说，努力组织着语言，"这个世界很实际，人有钱就可以为所欲为，没钱就要被别人看不起。但等灾难真的发生在我身上，我发现大家真的会伸出援手。"她指了指自己的衣服，"他们送来的衣服可能不是那么合身，但这是一份心意，他们在尽己所能帮助我们。我感受到了街坊邻里的关怀，这个世界不像我想象中那么冷漠。"

蔡卓是关慧燕们仰赖的支柱之一。蔡卓从1978年开始在卡斯特拉小学担任教师，近10年开始担任校长，这么多年以来，蔡卓是唐人街人口变化的见证人。在早期移民潮中，洛杉矶的三个唐人街居民主要是台山人和其他粤语区移民，此后，下一代新移民的身份更混杂，他们在此创业安家，延续着唐人街的繁荣。在20世纪六七十年代末期，大多数华人是经由中国香港来到美国的，蔡卓也是其中一员。1975年西贡沦陷后，唐人街的移民中又多了从越南来的华人。"很多越南人选择定居西海岸，可能是因为那里的气候和越南更为相似。"蔡卓告诉我，还有很多越南人搬到了夏威夷。20世纪80年代，又有一拨难民涌入唐人街，这次的移民主要来自柬埔寨。在学校里，蔡卓开始看到一些念不出来的名字，他特意开会，让老师们赶紧认熟新学生。为了让学生们摆脱困扰，他不得不给一些学生起美国名字。20世纪80年代初，学校里学生爆满——原本只能容纳800人的学校一下子有了1300多名学生——卡斯特拉小学开始改为全年上课。

蔡卓肩负着照料所有学生的艰巨任务。"我们把每个学生的信息都录入了电脑，然后发现有很多学生的家都在同一个地址上，"他回忆道，"真的难以置信，尽管我知道唐人街的住房一向很紧张。学校里有1300个学生，我们以前从没登记过他们的地址。我们去一些学生家家访，才发现他们的生活环境真的让我们惊讶。有一次我看到一套三居室的公寓，在当时相当豪华，但业主把户型改造后住进了四家人：三户人家住在三个卧室里，还有一家倒霉的住在客厅里。一个屋里塞进了很多人，真是不敢相信。"蔡卓和其他学校教工又走访了另外几个学生的家，情况都很类似。"大多数学生来自难民家庭——他们买不起房子，只能住一起。他们说：'这里比难民营好多了，我们有浴室，有自来水，有自己的房间，有隐私。'对他们来说，这已经比他们以前的住处好多了。"

1985年之后，随着中国的改革开放，蔡卓观察到来自中国内地的学生开始变多——先是逐渐变多，然后是飞速增长。"新学生们的名字都变成了普通话拼音——不再是粤语拼音，也不再是越南拼音，"蔡卓告诉我，"他们都来自中国内地，所以我们不得不重新认识这些名字。"大约十年前发生的一件事尤其让他印象深刻，当时一名来自台山的新生在课堂上引发了骚动，被送进了办公室。"我问他：'怎么了？坐下吧，我不咬人，我也会说台山话。'他说：'他们笑话我，笑我的名字。'在一定程度上，这孩子是遇到了身份危机，就像我当初一样。他的痛苦我感同身受。我入学的第一天，老师看着我的姓名牌，不知道该怎么念——我没有美国名字，我只有一个中国名字，'卓'。在我的家乡话台山话里，这个字的发音是不一样的，和粤语不同，和普通话也不同。在我那个年代，普通话还不流行，但现在说普通话的人越来越多了。那个学生说：'他们乱叫我的名字，叫什么的都有。'班上的同学来自各地，不仅有说台山话的人，还有美国出生的华裔、越南裔，中国内地来的说普通话的人，每个人念出来都不一样。所以无论同学们怎么叫他，他都感觉不对劲。就连老师也不知道怎么叫。我就说，好吧，我知道问题在哪儿了。"

"我带他回教室，对全班同学说：'这就是他生来就有的名字.' 在台山话里，念Git Bong，在粤语里，念Geet Bong，用普通话来说，是哲邦。你知道班里的同学怎么叫他吗？鸡邦！想象一下，你从小到大都叫哲邦（Git Bong），突然有一天，所有人都开始叫你鸡邦！我就跟全班解释：'他一辈子都叫这个名字，他已经11岁了，但你们一直都没叫对过他的名字，换作是你，你不会生气吗？' 他们就说：'你说得对，蔡老师.' 所以我就指派了几个学生跟他一起学习，现在他和同学们相处很融洽。大概三年前我见过他一次，他已经快高中毕业了。我在一场篮球赛里和他交手，" 他咧嘴一笑，"这帮孩子们总想打败校长。"

卡斯特拉小学目前的760名在校生中[2]，约有600人生在美国，100多人生在中国。蔡卓说，虽然唐人街的中国移民还是很多，但已经不像从前那么多了。"移民们的选择更多了，" 他说，"他们一有钱就会搬走，搬到阿卡迪亚[①]或者圣马力诺。" 他突然压低声音，悄悄说，现在有很多华人用成堆的现金在阿卡迪亚买房，"但唐人街仍然是工人阶级的天下，我的学生们的父母是餐馆工人、服装工人，甚至是打零工的。它仍然是那个移民的门户。"

家人和朋友对新移民来说是莫大的安慰。"冒险去一个完全陌

---

① 和后文的圣马力诺一样，都是加州的华人聚居区。——译者注

生的地方是很可怕的。"蔡卓说。

第一次和蔡卓见面，我们约在一个下午放学后，当时他正用粤语和一对母女聊天，妈妈戴着道奇队棒球帽，女儿年纪还小。后来他告诉我，这位妈妈是他在卡斯特拉教出来的第一届学生之一。

"这是她第三个在卡斯特拉念书的孩子，"他说，"她和她的白人丈夫搬回了唐人街，因为她想让她的孩子和她念同一所学校。"在唐人街，长期的联系和信任关系代代相传。往前追溯几十年，像慧燕这样的新移民都是蔡卓这样的老移民的远房亲戚。

"我住在唐人街，因为我也是移民，"蔡卓告诉我，"我活得很辛苦，我在唐人街念了高中。在我那个年代，中国人少到数得过来，我认得每一个人。上高中的时候，唐人街盛行各种帮派，孩子们不想上学。我看到了他们的无助，看到问题层出不穷。我们都是移民，我们所有人的父母都在同一个旋涡里挣扎。"

一开始关慧燕并不想移民，但考虑到孩子的未来，她还是来了美国。"我希望她们活得更好，"她说，"像我这样的成年人移民不容易，但有一天，我的女儿们能做她们想做的任何事——她们会学好英语，她们可以学习，也可以找到好工作，她们可以自食其力。但在家乡，如果没有钱，可能就没有这么多机会。"

时间到了，慧燕在餐厅的轮班要开始了，我们一起从学校往餐厅走。她告诉我，她最喜欢的点心是烧卖——猪肉蘑菇馅儿的——

和虾饺（用薄薄的半透明面皮包着大虾）。每当她看到美国客人在餐厅吃饭，她都为中国菜得到了大家的喜欢而感到很自豪——这是一种对她家乡文化的认可了。

在美国，关慧燕的生活中不断出现着新体验。"我丈夫开车时第一次看到路上有雪（洛杉矶和两人在中国南方的老家都不常下雪），用手机拍了一张照片给我们看，"她微笑着告诉我，"他开大货车跑过美国很多地方，每次看到新鲜的东西都会拍张照，这样我们也能看到。"

在去餐厅打工的路上，慧燕告诉我，尽管她丈夫的工作不容易——他晚上睡在卡车里，为了省钱，他甚至在车上带了一个电饭煲自己煮饭吃——但他很喜欢在路上看到的风景。"火灾——我做梦也没想过会出这种事，没想过我的女儿会受伤，"她说，"我的女儿晚上听到电话铃响会害怕，没有我在她身边就无法入睡。她的手臂和腿上留下了永久的伤疤，医生从她腿上割下了一块皮肤做植皮手术。"泪水盈满了她的眼眶。

慧燕最不想看到的就是妍君生活在恐惧之中，在朋友和家人的帮助下，他们的足迹逐渐走向唐人街之外。朋友们带妍君去了迪士尼乐园，慧燕也开始和丈夫开车去其他城市探访亲友。

慧燕用双手画了个圆，说："我觉得在唐人街安顿下来之后，就需要慢慢走出去，看看其他东西，多了解了解。"她顿了顿，想起了一句中国俗话，"做人不能像井底之蛙，一辈子看到的世界只有井口那么大，人应该跳出去，看看更大的世界。"她用双手比画着，示意这个世界的广阔，"我知道美国远比唐人街更大，我希望妍君也能看到这一点。"

陈丰（Fong Chan）和林伯（Lum Bok），檀香山
图片来源：徐灵凤

第 *10* 章

# 大杂院式唐人街

## 在这里，"鱼龙混杂"是永恒的叙事

夏威夷著名的融合文化在很大程度上得益于其地理位置。群岛位于太平洋中部，一直是东西方文化的交会点。1789年，中国人第一次来到这里[1]。檀香山的唐人街就在海港边，19世纪50年代，第一批中国劳工从这里上岸，被输往甘蔗种植园。唐人街沿着檀香山港落成，与海洋产业紧密相连——事实上，唐人街人行道上的铺路砖就是中国货船里压舱用的大理石。多年来，它一直是亚洲移民大军的门户，不仅是中国人，日本人、韩国人、菲律宾人和越南人都在唐人街安家。和其他岛屿文化一样，夏威夷成了一个大杂院——Kapakahi，在夏威夷语里是"鱼龙混杂"的意思。在这里，"鱼龙混杂"是永恒的叙事。

身为一个华裔，檀香山是第一个让我感到在唐人街内外都宾至如归的地方。我有一个在欧胡岛海岸长大的朋友，他知道我喜欢和水相关的一切，就把我带到了夏威夷。我棕色的皮肤和中国血统让我很快融入了这里。檀香山一半以上的人口来自亚洲[2]，在你所见每一个地方，中国的传统已经从方方面面渗透了夏威夷的生活。以前在漂洋过海的漫长旅途中，中国人配着米饭吃的话梅[3]，现在演变成了本地孩子们爱不释手的酸味果脯（crack seed，夏威夷小吃，类似于蜜饯）。过春节的时候，全岛会连续狂欢一个月。夏威夷刨冰用红豆沙打底，再浇上荔枝或番石榴味糖浆。婚礼和小孩的周岁生日宴上会安排舞狮表演。翻开欧胡岛的电话簿[4]，姓张和姓林的人比姓史密斯和约翰逊的还多。

在这样一个中国人已经定居许久、唐人街也早已融入当地文化的城市，你可能会认为唐人街的热闹辉煌仅仅是昔日荣光。但仔细观察，你会发现它的故事几乎可以代表美国每一个唐人街的历史，可以看出一个传统的华人社区是如何在保持中国特色的同时演化出更多可能。在整个20世纪，这个唐人街扮演了许多角色：20世纪30年代是檀香山繁荣的社会中心；二战期间是美国大兵的红灯区；近来是市中心的艺术街区，在这过程中，它仍然保留了最正统的中国风味；初来的中国移民仍然把它当作一个避难所；第四代本地人仍然选择来这里填补自己的文化缺失。而不管是谁，最终都会来到陈丰摆满艺术品的店里，感受过去的气息。

陈丰的画廊开在唐人街的边上，努阿努大道和帕瓦希街的拐角处。和许多城市一样，这里的低层廉价公寓加上靠近市中心的地理位置，吸引了许多打工艺术家。在房租高昂的檀香山，这个社区是唯一一片破楼丛生的地方。20世纪70年代末移民到檀香山的陈丰，是80年代开始在这里居住和工作的早期艺术先锋之一。

一个艺术的唐人街，我被这个概念迷住了。我的父亲就是一名画家，20世纪70年代时差点儿带着全家人搬到檀香山。每当我在这个城市的街道和商店里与人们交谈，总会试图想象我的另一种少女时代，如果当初在这里长大，我将会目睹破败的唐人街是怎么被艺术改造的。一个温暖的冬日早晨，我走进陈丰的画廊，被橱窗里明快的陈列所吸引：琥珀色的珠帘，精致的玉石雕像，扇形边缘的大红碗。我听到一位身穿卡其裤和夏威夷衬衫的加拿大中年游客说："这里怎么会有个唐人街？"这话一针见血。他对陈丰说，他是从温哥华来的。陈丰耐心地笑了笑，扶了一下眼镜，开始向这位先生讲述，在19世纪50年代，大量中国劳工是怎么来夏威夷砍甘蔗[5]的。这位先生的妻子在陈丰设计的越南制夏威夷风格贝壳耳环前驻足了许久，这时也把注意力转向了店主。

"温哥华也有一个很大的唐人街，我很喜欢那里，"她兴奋地说，"到处都有唐人街，真是太好了。"我在旁听着陈丰向这对夫妇勾勒出一幅广阔的历史图景：先是蔗糖，然后是菠萝，一批一批的中国人为了谋生活来到檀香山，与此同时，黄金和铁路吸引另一部分中国人去了加州。很多移民来自中国东南部，因为那里是历史悠久的港口区。他解释说，中国和许多国家之间存在着长期的联系，包括他出生的越南。他展示了一些罕见的艺术品来佐证他的观点：用法国技术实现惊艳光彩的17世纪中国红色花瓶；由中国工匠为越南皇室制作的18世纪瓷器。

"我知道它的由来，是因为它在我家已经传了三代。"他举起一个精巧的蓝色花纹陶瓷罐子，这个中国制造的瓷器底部有越南王室的红色印章。他介绍，其上的精细笔触显示了中国工匠大师的传统技艺。虽然陈丰成长于西贡堤岸的唐人街，但他的父亲对他进行了严格的中国艺术和文化教育。小时候，他甚至从师于一位来自广州的中国著名画家。他说，艺术流淌在他的血脉里。

后来，我请陈丰再跟我讲讲他与檀香山唐人街的联系。他说，在这个种族混杂的地方，他却找到了家的感觉。因为他是亚洲人吗？还是因为他能讲越南语、英语还有四种不同的中文方言？我有些疑惑。

"从一开始，我就感觉这里很舒服，"他拉起一把高背古董椅，请我坐了下来，"我喜欢跨文化的生活。这是我的特点。也正好是夏威夷的特点。"

　　1979年冬天，陈丰带着弟弟来到檀香山，瘦小身躯上穿着的短裤和T恤就是他的全部家当。他出生在越南一个富裕的中国家庭，却在19岁时成了九死一生逃出家乡的难民。

　　陈丰的家人在20世纪40年代末从福建移居越南。30年后，越战结束，越南政府开始镇压华人群体，他们被迫再次逃离。这些华裔难民被称为"船民"，陈丰说，1979年是逃难者们最糟糕的一年。他的父母让他带着一个弟弟和一个妹妹先走。他们登上28英尺（约8.5米）长的渔船离开越南，和另外270人挤在一起，没有下脚的地方。这个船队共有五艘这样的船，每一艘都被泰国和马来西亚海岸的各种武装力量逼停。他在旅途中被抢劫了13次。"男的女的都是赤身裸体，希望那些劫掠者能放过我们，"陈丰告诉我，"人们被强奸、被殴打。经过太多次以后，我们都已经麻木了，只想让他们赶紧办完事，给我们分口吃的。这些全是真事。我妹妹后来与我被分开带走了。两年后，家人才发现她最终去了澳大利亚。"陈丰说，他有几次想在船上自尽。他们的漂流筏最终在印度尼西亚上岸，被渔民救下。几个月后，在红十字会的一位女士的帮助下，陈丰兄弟俩来到了夏威夷。

　　他说，到达檀香山时，他俨然"一个原始人"。他的皮肤因为长时间暴晒而变得黝黑，离家时的那条短裤已经穿了整整一年，带在身上的财物也被人偷光了。"我们在一个富裕幸福的家庭长大，邻里环境也很好。但突然间，一切都变了，"他看向地板，"我一下堕入了底层，我必须想办法改善状况。"

陈丰在夏威夷的温暖气候中找到了熟悉的东西。在一名福利工作人员的帮助下，他在一家装裱店找到了一份工作。这使他离自己熟悉的艺术领域更近了一步，更重要的是，他有了收入。"我只能祈祷我在越南的父母和其他姐妹活得好好的……我不知道他们会怎么样。"陈丰回忆说。他保持与家人的通信，并拼了命地工作，希望尽快把家人接到檀香山与他和弟弟团聚。他学得很快，店主看到他有处理艺术品的经验，一年后，就升他为主管。再一年半后，五家店铺的生产都交给了他。后来他辞职并开设了自己的艺术画廊，在离唐人街几英里远的卡利希租了间地下室工作。每个月，他都会给父母寄一点儿钱，最开始是100美元，后来他卖出了画，逐渐寄得更多。他的弟弟在檀香山帮助中心为越南难民做翻译，同样也给家里寄钱。

到了20世纪80年代中期，陈丰搬进了唐人街，住在茂纳凯亚街的一个小公寓里。他至今仍住在那里。他说："因为我是个中国人，我在这里能重新感受到小时候家人教给我的文化。"童年时，他每天早上都和父亲坐在一起，学习古诗和国画。成年后，他认为一个与自己的文化根基相通的环境有助于他的创作，所以把工作室和画廊都搬到了唐人街，和现今的画廊只隔两个门。

当时的唐人街十分不景气。露天市场在白天人来人往，但到了晚上，就变得空空荡荡。在帕瓦希街上，陈丰看着妓女、毒贩和流浪汉聚集在他的门外，但他并不觉得害怕，来到檀香山的艰辛路途已经把他的心炼成一颗石头。相比之下，唐人街的生活反倒显得轻松。渐渐地，他和这些"邻居"们都习惯了彼此。

与那个时期的其他美国唐人街一样，广东话是主要的方言。陈丰能说流利的粤语和普通话，但普通话在唐人街很少用得上，越南话他更是从没听见过。他说，部分原因是华人群体对船民的种族歧视，他们看不起船民，因为船民来自"贫贱"的越南，即使他们实际上是中国人。在这之前，夏威夷的大多数中国移民都来自广东中山，这个城市和台山一样，是华侨的主要来源。这里是孙中山的出生地[6]，他曾在檀香山的精英伊奥拉尼学校寄宿学习。自1997年开始，中山被指定为檀香山在中国的"姐妹城市"[7]。

"那时候有些中国人会因为你不是'真正的'中国人就歧视你，"陈丰说。"20年前，我在中餐厅里看着中文菜单用中文跟服务员说话，他们还是会用英语回答我。许多越南移民会假装他们不会说越南语，因为他们不想让人们知道自己是难民，或是来自一个贫穷的国家。如果被人问起，他们就说是来自中国香港或中国台湾。我说我知道你不是，我能听出你的口音，请你们接受自己。事实上比起族裔，我更自豪的是，我曾一贫如洗，但我活了下来，我重新振作了起来。"

最终，社区里的人们缓和了态度。"他们听到我会说粤语，我会说普通话，我的中文读写都非常好。他们很惊讶，然后慢慢接受了我的确是中国人。"正如美国内陆所发生的那样，种族多样的檀香山新移民，开始颠覆唐人街里根深蒂固的旧观念。

几年后，陈丰在中国传统艺术上的造诣在唐人街里出了名，越来越多的人来到他的店里和他交流。他向我展示了他画的现代山水画，很多描绘的是夏威夷风光；还有一些古书法卷轴和木雕。尽管主题和风格各不相同，但它们都体现了中国的传统工艺。檀香山艺术学院和卡皮欧拉尼社区学院的艺术项目都派学生到他的画廊来交流学习，他对此非常欢迎。"我对中国文化知无不言，"他说，"如果你有所保留，搞得讳莫如深，它就得不到发展。你要不停发现新的东西，拓宽你的认知。"

几年前，檀香山艺术学院的学生来到陈丰的画廊参观，其中包括两名来自中国香港的高年级生。在老师的要求下，陈丰开始解释一些中国历史概念、中国壁画的起源，以及那些图形如何演变成现代汉字。陈丰回忆说，那两名学生根本没正眼看他，"他们看看天花板，看看艺术品，哪儿都看了，就是不看我。他们假装对我的话充耳不闻"。那天，他向学生们解释了"富"和"爱"两个字的起源。

　　陈丰解释说，在汉字中，字形往往传达着字义。他在一张纸上写下象形文字和对应的现代汉字，向我说明他的意思。在福字中，一个人站在左半边，身上有蔽体的衣服。在右半边，有一道横，一个"口"，还有一个代表土地的"田"。"所以，'福'就意味着你有衣服穿，你还有田地，种了田又有粮食糊口，"陈丰说，"夫复何求啊，吃饱穿暖就是福。非常简洁明了。"

　　在"爱"（繁体的"愛"）字中，顶部的两横代表房顶，房子里面有一颗心和两个人，代表情谊。"一个屋檐下，两人同心，这就是爱，多美啊。"陈丰说。这番分享让学生们听得津津有味。参观结束后，那两名香港学生走过来和他握手。他们说，他们从来不知道这些知识，他们为陈丰对中国文化的深刻了解所折服。

　　1990年，陈丰终于把父母和四个姐妹接到檀香山。他的另一个妹妹留在澳大利亚，组建了自己的家庭。后来的10年里，他看到越来越多的越南人在唐人街安家。今天，在一些街区，越南语招牌和中文招牌一样多，越南河粉店最密集的地段有时直接被叫作小西贡。与其他地方的定居模式相似，来自中国大陆和中国台湾的移民也在20世纪90年代到达这里，但许多人住在在唐人街以外。

　　现在的檀香山唐人街人口结构依然多元，人们不仅来自中国大陆、中国台湾等地区，也来自越南、老挝、菲律宾……但即便文化混杂，唐人街仍旧是檀香山华人生活的中心，有100多个组织活跃在这个社区。中国人对这一地区仍有历史性的占领地位，并与其他族群保持微妙的距离。"经过这么长时间，唐人街终归还是唐人街。"当地历史学家詹姆斯·何告诉我。我发现这种包容与排外并存的双重情感十分耐人寻味，这也体现在詹姆斯的博物馆名中——夏威夷华人多元文化博物馆。"唐人街里不仅仅有中国人，"他说，"但在文化方面，它对我们意味着一切。"

事实上，比起美国其他的大唐人街，檀香山的华人一直没有那么密集。最近从夏威夷大学退休的地理学教授章生道告诉我，夏威夷的华人群体很早就开始从唐人街分散到社会其他地方，檀香山唐人街只在最初的50年里充当了一个华人聚落[8]。"即使在那些年，檀香山唐人街也并不是一个真正的民族聚落，因为只有一半多的人口是中国人。"他在2003年的一篇文章中写道。在夏威夷，中国人有权购买土地。章说，这是檀香山的中国人早在20世纪80年代就能离开唐人街的一个重要原因。今天，华人拥有的地产比例是所有族裔中最高的。檀香山的唐人街继续作为一个重要的社会中心发挥作用，这一点和美国的其他唐人街一样，但这里的华人群体是独一无二的，在他们融入外界的同时，美国别处的同胞仍然囿于一隅。

但这也不意味着他们的日子向来轻松。这个社区经历了地震、虫害和鼠疫；1886年和1900年的大火把这里烧成了废墟。就像1906

年的旧金山唐人街地震一样，许多人把檀香山唐人街的火灾看作是幸运的机遇，是"更高力量"[9]的指引，促使他们创造出一个"更美好、更健康"的社区。事实上，1900年的大火[10]是由政府卫生部门有意安排的，目的是消除某些建筑内的鼠疫。然而火势失去控制，烧毁了5000座房屋，夷平了五分之一的檀香山。

詹姆斯说，这里的唐人街和世界上任何其他地方的都不一样。早在旧金山和檀香山建立唐人街以前，夏威夷就与中国有着密切的联系。"檀香木贸易始于18世纪90年代，因此中国人才来到夏威夷。"詹姆斯告诉我。许多檀香木被运往中国香港——香港的中文名字就是由此而来，即"芳香的海港"。夏威夷王国的第一个华人定居点实际上是在茂宜岛的拉海纳。由于早期的中国工人全是男性，他们中的许多人与夏威夷妇女结了婚。"我们都有夏威夷人的血统。"詹姆斯说。他指的是他自己和他已故的表弟，流行歌手何大来（Don Ho）。何大来有夏威夷人的血统，也有中国、葡萄牙等多国血统，是文化混合的最好例子。

1900年的火灾后，唐人街被重建，在20世纪为檀香山带来了不同的风貌。到20世纪30年代，它已成为市中心的一个繁荣的聚会场所。詹姆斯作为一名二战老兵，将之后10年的唐人街形容为一个"低俗俱乐部"，数不清的妓院、酒吧和脱衣舞吧服务于休假的美国大兵。这之后是多年的衰落，毒贩、妓女和流浪者聚集在这片罪恶地带。1973年，美国政府将唐人街列入《国家历史遗迹名录》[11]，对此处进行清理整改，这才开始了它的新生。这是一次缓慢的复兴。

如今，每月的第一个周五，唐人街的画廊都会开到很晚，并供应酒水，吸引时髦的年轻人在天黑后造访。老牌艺术家的加持让这片街区更添艺术魅力，拉姆斯和佩吉·霍佩尔（Pegge Hopper）都在这里开有画廊。颇有人气的"马克车库"画廊（Arts at Mark's Garage）最近正在举办名为《唐人街，HI》（HI为夏威夷州的缩写）的展览，他们从夏威夷华人多元文化博物馆借来了许多文物，包括一件令人赞叹的粉色丝绸刺绣粤剧戏服，一个仪式堂鼓，等等，与蔡国良等艺术家的书画作品一道展出；本地的表演艺术家们也在这里进行现场表演。奢靡装潢的清吧和酒馆挂着类似"鸦片馆"这样的名字，让人联想到堕落的过去（比如酒店街的二战时期俱乐部胡巴胡巴[Hubba Hubba]俱乐部，现在已经被封住，但张扬的霓虹灯招牌仍完好无损）。每月一次的短片挑战赛"唐人街对决"，是为本地独立影人开办的助推展示平台。新颖的活动令人目不暇接，檀香山市长也承认[12]"这是唯一一个文化与艺术都集中在唐人街的城市"。虽然这话稍微美化了事实——居无定所、缺乏经济住房和其他城市衰败问题才是居民日常更加关注的问题，并且许多地段在夜间空得吓人——但毫无疑问，重振的唐人街还是吸引了许多人回到这个社区。

在唐人街的另一位早期艺术先锋罗伊·凡特斯看来，只要这个社区持续吸引劳动者，不过分依赖旅游业或受到城市化的影响，它就会蓬勃发展。他补充说，像陈丰这样的老街坊，对唐人街新近的变化有着独特的看法："陈丰了解中国的一面、越南的一面，以及艺术的一面，他的学识渊博，会提供一个很多元的视角，正代表夏威夷的特色。"

游客们会来到陈丰的画廊里，希望有人带他们了解唐人街，但唐人街同时也在主动完成自我表达。邻居们每天早上都会过来打招呼，分享他们新发现的艺术书籍，再看看陈丰从中国、越南或美国本土刚带回的古董。大家在这里聊聊家长里短，拉近关系。杨丹尼是一个内向的艺术家，他每周都会来唐人街。他到这里的目的很明确，就是要看一件喜欢的中国古董玉器。他和陈丰聊到一位著名的中国工笔画家，杨曾在夏威夷大学跟他学习。他们一致认为，即使在这里，中国人也紧密相依。一位名叫莫马莲（Marianne Mok）的中年妇女，手拿红色塑料袋走进店里，向陈丰咨询他正在筹备的佛教遗迹展。她在几条街以外的商业区工作，经常来唐人街买菜和糕点。我问到这个社区对她的意义，她说她的母亲是广东人，现在唐人街是她采购的地方，在这里能听到家乡话。

一位经常拜访陈丰的顾客告诉我，这个画廊对她来说就像一座有生命的博物馆。它反映了社区随着几代人的来来往往而不断生长变化的状态。也许更说明问题的是，它是一个帮助不同代际的人建立连接的聚会场所。有几个早晨，一个身材矮小、头发花白的老人从前门探头，轻敲着玻璃。每一次，陈丰都热络地和他打招呼，叫一句："林伯！""伯"在粤语中是对长者的敬称。

我们第一次见面时，林伯对我笑着，用粤语问我是否在寻找艺术品，然后问我是哪里人。我回答是台山人。他说："纽约好多都是台山人喔，我们檀香山更多是中山人！"他在店里驾轻就熟地走动着，拿起物件把玩，用一个小放大镜观察陶瓷花瓶上的釉面或珠宝上的纹样。

原来林伯曾经是香港著名的古董街"荷里活道"上的收藏家和主经销商。与陈丰一样，他在20世纪70年代末移民到檀香山。每隔几天，他都会到陈丰的店里看看，聊一聊中国艺术。陈丰说，每当林伯来做客，两人就变得"像孩子一样"。

"虽然大家已经不在中国了，但不知何故，中国人还是会找寻中国人，"陈丰看着正在摆弄一个小蛐蛐笼的林伯说道，"你会寻觅一个家，它远在天边近在眼前。唐人街就是家。对大多数人来说，家的意象是食物。但对他来说，是艺术，是回忆，是历史。"说到这里，他指了指我，"比如他刚才问你来自哪里，这就找到了你和他之间的联系。通过这他也许就会想起别的东西。"

　　他说，檀香山的包容性令这个地方十分宜居。为此，他对华人与非华人一视同仁地敞开心扉。12年前，他开始将自己的艺术收藏捐赠给卡皮欧拉尼社区学院做永久展示，因为他知道这些在身后都带不走。他希望与更多人分享他的所见，通过与越南、印尼、夏威夷文化建立情感联系，让今时与昨日唇齿相依。而在唐人街保有一个畅谈中国传统的地方，就是让这种依存永续的最好方式："这样你才有机会回头看看一切是如何发生的。"

　　詹姆斯也同意，讲述历史对于展示华人如何在保留中国传统习俗的同时融入檀香山至关重要，因为大多数来到唐人街的人对此一无所知。他的话印证了我在纽约、旧金山和洛杉矶这些历史悠久的唐人街所看到的：社区内的人有着强烈的渴望将数代人的经历联系在一起，而外部的人往往对这个社区的意义只有模糊的认识。他们不知道第一个中国人是在1789年来到夏威夷的，也不知道唐人街是和檀香山的市区同步成形的。他说："人们对唐人街饱含的中国历史——甚至也饱含夏威夷历史——感到惊讶。而你知道，在这里，两者本就密不可分。"

　　对这里的许多人来说，唐人街的发展取决于源源不断的文化交融。"我的生存经历让我学到很多，我教自己用积极对抗消极。唐人街也是这样做的。不少人对我说，'你出生在越南，祖籍是中国，说的是印尼语，现在住夏威夷。你到底是谁呢？'"陈丰指了指自己的浅绿色夏威夷衬衫，"我就像这件衬衫，面料是中国产的，但标签是夏威夷的，上面的图案是木槿花环，但颜色更现代更美国。这里的文化很独特。我可以学习美国的东西，同时仍然为我们的古老文化感到自豪。只要你记得它们的根源，那就没有问题。"

欧胡市场的生猪集运

图片来源: Ken Haig

## 第 *11* 章

# 邻里之交

## 本地男孩偶然成了大厨

在离檀香山海港一个街区的地方，一条名为科卡乌里克（Kekaulike）的宽阔步道延伸在两排老式砖瓦建筑之间，两旁种满了棕榈树，高高堆起木瓜、苹果蕉、菠萝、红毛丹的纸箱一字排开，上面插着中文标牌。这个露天的果摊集市东边是茂纳凯亚街，沿街有许多小摊贩卖精致的花环，唐人街的花娘们已经在这里巧手编织了好几代。

檀香山唐人街的独特之处在于它的开放市场和热带气息。在科卡乌里克街的尽头，唐人街最古老的欧胡市场里，格伦·褚正在鱼摊之间踱步。他是出生在檀香山的第四代中国移民，在唐人街经营着一家全国知名的餐馆，成为厨师完全是一个偶然。他说，这一切要拜他的祖母所赐，祖母在他的早年生活中占据了特别重要的位置，小时候他总跟着母亲和祖母到唐人街购物。对他来说，这里的每一寸空间都充满了回忆。

听格伦谈起唐人街时，你很快就能感受到他与邻里的街道、店铺和店主之间的空间关系。我们都不厌其烦地追溯着祖先的脚步，我们拥有共同的历史背景，这让我相信，在唐人街纵横交错的行为中一定有些值得探究的东西。因此，我们在一天下午来到附近散步。我们走过一盘盘放在冰上的金枪鱼和堆放着大块新鲜整猪的货车，格伦告诉我，正是通过这种方式，他感受到自己的文化根源。他说："这是我母亲和祖母购物的地方，如今也是我购物的地方。"他停下来挑了挑冰堆上的鲣鱼，夏威夷语称为"阿库"。"这里是日常的，但也是深远的。"

格伦·褚与唐人街的牵绊，足以让许多第N代在美华裔产生共鸣。与第一代移民陈丰不同，对他们来说，唐人街离他们的生活更遥远，但又是更亲近的。家族历史让他们离不开这里。坎蒂丝·李·克罗托（Candice Lee Kraughto）在婚后随丈夫搬到了檀香山唐人街。在少女时代，她的祖父常带她在唐人街散步，向她介绍自己在1916年居住的公寓和工作的面包店。如今她的生活习惯仍然呼应着这些轨迹：她在工作日早晨穿过唐人街到市中心上班，每周末去家楼下的李记饼屋买糕点。她说，通过这些习惯，她维系着文化血脉的一点一滴，这让她感到自己并不孤单。

格伦身材瘦削，穿着褪色的黑色T恤和黑牛仔裤。我们经过一家鱼摊时，摊主认出了他，大声跟他打招呼，格伦朝他挥了挥手。"我不会说中文，这阻碍了我在唐人街的交际，"他告诉我，"但我和其中一些人确实很熟。"他最喜欢到欧胡市场买生鱼片，餐厅所需的大部分鱼肉都是在这里买的。格伦小的时候，他的父亲经常来市场，从一个渔民朋友那买海鲜。"我妈妈会在后院的一棵树下面洗鲣鱼。我们的院子里香香的，开了很多花。她会把鱼的内脏埋进土里当肥料。"他说，有人可能会抱怨唐人街市场的腥味，或者不能接受对肉类产品不加遮掩的展示方式，但那是因为美国文化有意和谐了屠宰品的消费过程。在中国文化中，不浪费动物的任何部位才是让它们死得其所，某种意义上死与生是相通的。格伦说，祖母的道教思想教导他，动物为人类做出了牺牲，不浪费就是对它们最好的尊重。

我们走到市场的背面时，格伦说他以前在这里见过散养的活鸡。"现在这里被清洁整顿了一番，已经没有活鸡了。但不久前我在中国南京，从酒店房间里能看到楼下的一个市场，他们有乌鸡白鸡鸭子，还有各种鱼，应有尽有。我感到特别不可思议，因为唐人街的市场原来也是那样的，我一下子回想起了过去。有些东西在这里没有了，但你却在别的地方又找到了。"可以说，无论他走到哪里，都能看见他心中的唐人街。

格伦在檀香山的马诺阿长大，这是市中心以北的一个绿林山谷，因为频繁降雨并且常现彩虹而闻名。直到今天，他还会用当地的短语"马诺阿之雾"称呼突如其来的阵雨，我很喜欢这个说法。格伦的曾祖父于1864年来到夏威夷的甘蔗园里工作，并带了檀香木回中国。我们散步的路上，格伦谈到了对先辈经历的感同身受。"我能够想象那个情景，就在这个港口，他从船上下来，"他指着水面说，"唐人街的道路直通向海水，我眼前总是浮现那个画面——我的曾祖父走出港口，踏进唐人街。这也是每一个到达夏威夷的移民的必经之路。你也看到了，唐人街并不是很大，是它的凝聚力吸引了所有人。就像其他的唐人街一样，通过这些俱乐部、协会、大家小家，中国人关照着彼此。"

夏威夷最活跃的华人社团之一、四大都会馆的董事比尔·林告诉我，尽管华人很早就从檀香山唐人街陆续外流，但正因为这种分散，唐人街成了大家碰头的据点。1994年，詹姆斯·何的夏威夷华人多元文化博物馆就是在比尔·林的协助下创办的。比尔1926年出生于檀香山，他开玩笑称自己为"恐龙一族"。他的父母也生在檀香山，父亲作为美军参加过第一次世界大战；但他们一家从未在唐人街居住过。他在距离唐人街四公里的地方长大，对这个街区的记忆可以追溯到20世纪30年代。

"唐人街以外的中国人想见朋友、想购物、想买中国食材的话，要去哪里呢？无疑是唐人街，它是一个相聚的地点。"比尔说。

珍珠港被袭击后，格伦的祖母从唐人街的外圈搬到了马诺阿的温哥华大道上，格伦和他的父母、祖父母、三个兄弟姐妹、姑姑舅舅和两个堂兄弟一起住进了这个大房子里。他们是这个街区的第一个亚裔家庭，而邻居希尔弗斯坦（Silverstein）一家十分随和，对隔壁房子里不寻常的一切司空见惯：在后院里杀鸡，用铁炉自制大米花，中国客人络绎不绝。

"祖母把她继承的文化传统都带到了这座房子里，"格伦说，"后院里有两个烧柴的炉子和两口大锅。她会让我们出去捡灌木枝，这种木头烧得很旺，气味也很好闻。每星期六她会在家里办麻将聚会，一次六张牌桌，然后每隔一周搞个百余人的饭局。"格伦就在这个氛围如同麻将馆的华人集体中长大了。

中国人的规矩是，到别人家做客不能空手上门，因此格伦家里总有许多来自茶香室（Char Hung Sut）的粉色小盒子，这家叉烧包店现今仍由格伦的亲戚经营着（成书时此店已停业）。除此之外还有从茂纳凯亚街的老字号蛋糕房成昌源（Shung Chong Yuein，也已停业）买来的月饼等甜点，祖母会配上茶水招待来客。格伦说，这些都是人们习惯在唐人街购买的伴手礼。

　　在格伦的童年时代，唐人街社群不仅仅局限在这片街区的地理范围之内。对于格伦·褚和比尔·林这样家族多代都生长在美国的华裔来说，唐人街从来不是物理意义上的家，在他们一次次到访唐人街，并从中吸收文化碎片的过程中，唐人街成了他们的精神家园。部分原因是实际的——他们的家人需要的传统物品只能从唐人街买到——但这样的行为本身也成了一种传统。"我们挤到一辆两厢车里，把车开到科卡乌里克街，也就是现在的步行街和廉价住房的位置，才停下来。"格伦说，"然后我们去买生鲜。我们是中国人，自然少不了讨价还价。那些小店里从酱料到莲藕，只要是我们想要的他们都有卖。我们会经常去是因为祖母是个精益求精的人。她会一遍又一遍地做一道菜，直到她满意了为止。"

　　1964年，格伦13岁时，祖母去世了。与祖母相处的时光对他有着重大的意义。"我的妻子是白人，她说我的家人'根本不交流，也不祖露自己的情感，就只讨论今天吃了什么，昨天吃了什么，明天要吃什么，要去哪儿吃'。"格伦笑着说，"但她不明白的是，这就是一种交流，我们在通过食物交流。"

　　格伦说自己就像一道"炒杂碎"，是一盘受到多文化影响的口味丰富的大烩菜。他的这种身份特点不时体现在我们的对话中。"我的祖母不会认得我做的这些菜。"他看着一道摆盘精致的"山羊奶酪馄饨加香菇包佐以海参覆盆子酱"说道。但他说，她能认出的是他的烹饪理念，这些理念贯彻的是祖母教给他的道家思想：元素的平衡，食材的营养。

在他的欧亚主题餐厅"靛蓝饭店"（Indigo，现已停业）的"鸦片馆"酒廊里，他总结说，唐人街随着时间不断变化，他也一样。这间酒廊的名字是对唐人街低迷历史的一种调侃，格伦觉得用它来形容这灯光幽暗的厅堂最合适不过。在烹饪中，他同样惯于融合一些中国传统。他创造的菜肴反映了他的背景，也让他意识到自己成长中所缺失的部分。"我不知道怎么做中国菜。"他说。他不会做祖母拿手的肥美五花肉，他也并不想做。他做酱料不是用玉米粉勾芡，而是用法式手法来收汁。他景仰的是茱莉亚·蔡尔德（Julia Child）和爱丽丝·沃特斯（Alice Waters），而不是中国的名厨。"可以说我的菜既中国，又不中国，"他告诉我，"我是中国人，我深受中国文化的影响。但我回到唐人街，就是想按自己的方式做事。"

格伦的祖母送他去读中文学校，但他经常逃学，所以并没学到多少中文。他还上了伊奥拉尼学校[1]（Iolani School），也就是孙中山1882年毕业的那所私立学校。与那位著名的学霸校友不同，格伦差点没能毕业。在青少年时期，他拒绝接受中国的东西。他说："我喜欢我的长辈们，但我那时从未真正认同自己的文化。"他后来去了密歇根州的一所大学，主修管理学。在那里，他遇到了他的第一任妻子，她当时是个糕点师学徒。格伦的母亲在配方上帮了忙，于是他们开始在自己的地下室做起芝士蛋糕生意。1979年，他们搬回夏威夷，开了一家甜点和餐饮公司。

格伦没有停止他的新口味开发之旅。20世纪80年代末，他在檀香山开了一家传统的摩洛哥餐厅。90年代初，有人请他到唐人街看一个铺面。他回忆说："当时这边没什么东西，只有吸引毒贩和妓女的酒吧。"但他鬼使神差地走进了那座建于1903年的红砖建筑和它的后院，那里通向当时的唐人街牌坊公园和一家夏威夷老剧院——有人投入了3000万美元正对其进行翻修。格伦意识到，变化即将到来。他想做点儿和中国有关的事情，但一定得是创新的。在那片街区开餐厅是冒险之举，但回忆起祖母处理食物的方法，再考虑到这临近公园和剧院的位置，他动了心思：也许，自己已经准备好回到唐人街了。

"我想如果把通往露台的那些门全打开，再加上背后的公园，人们一定会被吸引过来。"他说。我们站在后花园里郁郁葱葱的绿植和悬挂的纸灯笼之间，服务员穿着鲜艳的蓝色旗袍和绗缝丝绸夹克从厨房里端出菜肴，高窄的蓝色铁门后面摆着竹制家具和雕花屏风，一切都彰显着浓郁的热带风情。一场太阳雨落了下来。格伦说，在遭遇鼠疫和1900年的大火后，建筑便安装了这些蓝门以便防火，曾经每一扇门后都是一个裁缝摊位。"我是怎么知道的呢？"格伦咧嘴一笑，"因为有一天，一位中国老太太来这里吃饭，她说她以前就住在楼上。"他的记忆似乎开始复苏。

就在餐厅开业前两周，格伦找好的厨师不干了。"我成为主厨完全是个意外，"格伦说，"我知道我喜欢吃什么，但我没当过厨师，我从来没学过下厨。我能成功真是走了大运。我第一次尝试擀煎堆时"——也就是糯米芝麻球，通常包花生或椰蓉馅，但格伦的版本使用烤鸭和杏仁——"我有种幻觉，我的祖母也坐在厨房里，她看着我拿漏勺在锅里捣鼓，对我说：'格伦，要是煎堆都做不好可就坏咯。'我仿佛又看见她站在凳子上，把浮起来的面团压进油里，直到它们变鼓变脆。"所幸，这煎堆做得很好。1999年，格伦·褚被詹姆斯·比尔德（James Beard）基金会提名为美国厨界新星。他的餐厅成为一个热门去处，并帮助扭转了唐人街的形象。花园后的公园被打理再建，2007年，它被重新命名为孙中山纪念公园[2]，并竖起一个新的铜像，纪念那位曾在檀香山就学的革命领袖。

格伦说，唐人街本身也越来越像"炒杂碎"了。像陈丰一样，他看到唐人街从一个原本较为纯粹的华人社区，随着不同族裔移民的到来而变得"百家争鸣"，这里除了老字号中国商行，也有菲律宾花环制造商和越南河粉店主。他说，这些移民丰富了唐人街消费者的饮食选择。"我去过很多唐人街，里面卖的东西大体上都一样，所以我们需要思考怎样才能让人眼前一亮，我们有哪些与众不同的地方。是什么让一个唐人街脱颖而出？在旧金山，是一条又一条的中国商店街。而在檀香山，就是我们的混合文化与热带风情，是我们的棕榈树、木瓜、荔枝和杧果。"

回到街上，我们沿着科卡乌里克街和茂纳凯亚街旁的市场闲逛。格伦指给我看，路边出售的品种颇丰的东南亚水果，其实最近才在唐人街出现。他说，夏威夷终于不再将种植经济作物的赌注全押在菠萝和甘蔗上，当地农民开始积极地种植新品种。在科卡乌里克的一个室内市场里，格伦拿起一个硬皮的圆形绿果子递给我闻："这是菲律宾的四季橘，那里的人用它代替青柠。我们会用它的果皮来做菠萝酸辣酱。"在下一个过道里，他向我介绍了来自泰国的珠茄。"人们背井离乡来到这里，会带来他们的蔬菜和水果，让人大开眼界。你会看到很多不是来自中国的东西。"

新事物的涌现并没有影响格伦对这片街区的喜爱。使用新鲜食材并与当地个体户合作是不变的原则。每当格伦需要新的材料，他就打电话给固定的供应商，然后他们把农产品、手工面条和肉类送到他的餐馆。我们经过了米粉铺荣亮粉厂（Ying Leong Look Funn），还有南方烧腊店（Nam Fong），格伦经常在这里订猪肉。他说："你从他们溅满油渍的玻璃上就能看出这是一家好肉店。"格伦并不是檀香山唯一在唐人街露天市场采购的顶级厨师，其他以夏威夷地方菜闻名的厨师，比如阿伦·王，也在那里找到了灵感。

阿伦·王告诉我，唐人街富含的历史底蕴对他有着深刻的意义。他说："夏威夷一直是四方美食和文化的大熔炉，从很早就开始吸收借用外来的技艺。唐人街就是它的缩影。我的祖父是中国人，他是每顿饭都要在家里做的那种人。是历史把我带到了这里。每次到唐人街，我都在寻找能激发灵感的东西。唐人街就是有这样的魔力。"

中国人对当代夏威夷美食产生了很大的影响。和格伦一样，阿伦的餐厅里并不做中国菜，只是以中国菜为灵感。但他希望通过中国文化了解自己的出身，并用美食引领食客进行一场精神之旅：从东到西，再从西到东。曾有一家中式融合餐厅向阿伦请教某道菜的做法，在向对方解答的过程中，他意识到，他们最需要做的就是去一趟唐人街。"我说，你们请一天假，去唐人街，去闻一闻，尝一尝，去看看那些瓶瓶罐罐和咸菜，"他难掩激动地告诉我，"把那里买到的东西加进锅里，说不定就能做出你想要的。在唐人街，你的感官会焕然一新。你会重振精神，你会记起一些东西。"

家庭式经营也使唐人街成为采购食杂的最佳去处。批发商往往做不到水果种类一应俱全，但阿伦说，他总能在小商店里找到他想要的："在那个环境里，你的视觉、嗅觉和味觉都会进入另一种境界，你会用中国人的方式思考。这会让你的厨艺变得更好。"

格伦·褚同样会定期在社区里逛逛，保持摄入新鲜的灵感，并

敏锐地观察市场的变化。在我们散步的那一天，市场上有卖鸡爪，
这唤起了他的回忆。在密歇根上大学时，他曾经和一个女友开车到
多伦多，最后在唐人街的一家茶点店用餐。"我以为他们会推着小
车来让我们直接挑选，结果他们拿来一份中文菜单。我不想显得什
么也不懂，只好指着菜单瞎点。看到鸡爪端上来，我尴尬至极。她
问，这是干什么用的？我说：'是用来剔牙齿的。'"这段逸事很有
趣，但也提示我们，格伦的故事并非一个原生中国人的故事，而是
有其华裔美国人的特殊性。

　　摩擦产生热量，也导致变化。在多元的文化环境中，人们可能
会重拾传统然后传承下去，但往往会伴随着一些改变。格伦带我来
到宝华公司（Bo Wah），一个传统的中国小商品店，那里有卖用来
祭祖的奔驰车纸扎。他对仪式的基础认知来自于童年时旁观祖母拜
神的过程：烧香，布置祭台，用神龛敬奉祖先。他分享的这些故事
也让我想起了自己的童年，我的家人去中国的墓地给已故的亲人烧
纸钱，在坟前摆放食品，好让他们在九泉下衣食无忧。格伦的行为
背后总是映射着某些理念。他虽然用不同的馅料做煎堆，但还是抛
不开中餐里的"黏性"和"嚼头"。"正是这种黏性的概念、绑定的
概念，让一家人紧密相依。所以每次我教人烹饪，都会告诉他们，
这就是中国人的情感，这就是为什么我们有这么多粘牙的食物。就
是它们把我们粘在一起。"

　　格伦的女儿20岁，在剑桥大学读书，她有不同的方式来接纳自己的华人身份。她一直觉得，比起夏威夷，自己在英国融入得更好。据格伦说，在女儿还小的时候，她就幻想着自己能在英国长大，去上寄宿学校。她对英国时尚史如数家珍。"她对自己的中国血统还没有深入的认识——就先认同了血缘的另一半，"他解释说，"但她正在以自己的方式开始探索。我们去了伦敦一家她喜欢的中餐馆，那里有饺子和点心。我说我喜欢女服务员的制服，于是她告诉我这些服装是怎么怎么做的……然后我们发现，设计这些制服的人也负责了电影《卧虎藏龙》的服装制作，难怪它们那么华丽那么漂亮。你会从小受到双重的影响，但那些传统一直渗透在我们生活中。也许有一些的确不容易找回来了，但你一旦找到它，就不要轻易丢掉。"

　　我们继续走着，我问他这是否也是他对唐人街的看法，在维持传统的同时向前发展和改变，他点了点头。"这里的唐人街有独特的夏威夷魅力。"他说。他的愿望是让游客多多认识夏威夷的人民，而不只是和夏威夷的游客擦身而过，而唐人街就是能够做到这一点的地方：一个真实的、不拘一格的人类集合，值得亲身探索。他说，在这里感受到的生活和在家里的不一样，也不应该一样。在这里的见闻可以帮助你理解中国人几个世纪以来将文化散播到世界各地的旅程。在这个旅程中，他们也改变了夏威夷。

奶茶店的草裙舞娃娃

图片来源：徐灵凤

# 第 12 章

# 历史的一课

## 唐人街失意的一代怎么保存过去、塑造未来

唐人街的外观强烈左右着外人的印象。旧金山唐人街的气派宫殿让它看起来像一块异域飞地，檀香山唐人街的低层商用建筑和集市也奠定了它的底色。在早期，唐人街的店主们都住在自家店铺楼上。檀香山唐人街曾经由于过度拥挤和病害被烧毁，而且是两次。也许是因为对当年的政府失误放心不下，近年来，市、州和联邦领导人致力于将其作为檀香山老城的一个历史中心加以保护。2006年，市长马菲·韩恩曼（2010年已卸任）召开了唐人街峰会，并筹划了各种艺术项目和拨款，旨在为该地区带来更多的商业收益和人流；同年夏天，白宫的一个保护委员会将檀香山唐人街列入"保护

美国"计划，向其投放联邦资金。市长提到，唐人街的建筑是值得保护的独特社区资产之一[1]。然而讽刺的是，资金实际下发的延迟导致这里破败的危房和斑驳的墙皮至今飘摇风中，唐人街永远定格在了革新的开端。

守在繁忙的茂纳凯亚街中心位置的奶茶冰沙铺位里，格洛丽亚和格蕾丝·谭目睹过社区的一些变化。为了让女儿接受更好的教育，格洛丽亚和丈夫在14年前带着格蕾丝从福建来到这里。比起从前，现在这里的警力增加，路灯多了起来，毒品交易不再那么猖獗。但让格蕾丝（现在是夏威夷大学檀香山分校第二语言研究专业的22岁大学生）感到惊讶的是，许多事情从未变过。

格蕾丝扎着马尾辫，经常穿着牛仔裤和紫色连帽衫，她对唐人街有一些明确的抱怨。就像旧金山唐人街青年领袖（罗莎·王谢）一样，格蕾丝对唐人街呈现的样貌感到很不舒服。她告诉我："这里有点儿脏，而且有太多流浪者。"她是个坦率的人，直言不讳地指出她看到的问题，"晚上7点以后，感觉不安全"。

在温暖如春的12月，我花了几天时间与格洛丽亚和她的女儿坐在市场上，观察这个小世界。格洛丽亚随和而友善，有一头微卷的红发。14年来，她没有学会太多的英语，但在唐人街掌握了粤语。她告诉我，她喜欢住在这里，并且很享受这个热带唐人街的宜人天气和慢节奏。而格蕾丝则对附近的生活教育有不少意见。她说，游客在唐人街所寻求的真实感，在许多方面是虚假的。"那些老建筑，是檀香山唐人街的历史，但你不能说它反映了当下的现实，或者说真正的中国人就想生活在这样的环境里。"她看着外面的街道说。她问道，让这些百年建筑保持原貌，对今天在唐人街的中国人来说，到底有什么意义呢？

2000年的美国人口普查显示[2]，唐人街的人口绝大多数是亚裔；家庭收入中位数低于20 000美元，这比整个檀香山的家庭收入中位数低了62%。对于社区以外的人来说，这里可能有着引人入胜的历史，但对居民来说，劳碌的日子每天都在过，唐人街归根结底还是属于工人阶层的。

在没有课的日子里，格蕾丝会来帮母亲卖新鲜果昔和奶茶，她们的店开在和发酒家底层的香港超市里。和发一度是唐人街最老的饭店，原楼体建于1882年，但在1886年被烧毁。现在的和发是在1900年大火①后最早恢复的建筑之一，在随后的几年里陆续增添了许多装饰。饭店早已不复存在，但复古的霓虹灯招牌依然显眼地写着双语名字：Wo Fat Chop Sui和发酒家。绿瓦飞檐为顾客遮风挡雨，精致的白色外墙上点缀着红色砖片，当地人公认这是唐人街最

---

① 1886 年和 1900 年，唐人街都发生了严重的火灾。——译者注

漂亮的地标式建筑。

　　谭家人仍然住在离和发酒家不远的茂纳凯亚街的一个公寓里。唐人街的历史保护区地位限制了房主能对这里的特色建筑所做的改动：任何变动或修缮都必须经过复杂的许可和区划程序。最重要的是，这需要花钱，许多房主根本负担不起。正因为如此，格蕾丝认为，再深远的历史也只能带你走到这一步。她母亲工作的地方是唐人街仅有的几处经过修复的历史建筑之一。尽管是名义上的"历史保护区"，但很少有街区进行了外墙修补工作并达到现代标准。

　　"这是个不太漂亮的地方。"格蕾丝说。虽然她八岁就开始在檀香山上学，但她的英语仍然带有轻微的中国口音，偶尔语法也不太准确。一个星期四的下午，阳光透过棕榈树照射下来，唐人街的行人又热又渴。就在我们聊天时，门口已经聚起了一群顾客。

　　"老板，两杯西瓜珍珠奶茶。"一个穿着脏兮兮工作靴的人大声说。男人话音未落，她就已经开始利落地舀起冰块和水果糖浆搅拌在一起。柜台上的草裙舞娃娃随着震动晃晃悠悠，草裙沙沙作响。

　　格蕾丝很快做好了饮品，将两杯泡泡糖粉色的液体和餐巾纸整齐地递过去。手机响起，她把手机夹在肩上，一边找零一边用普通话和朋友聊天。顾客们微笑着表示感谢，然后回到自己的工作或是前往下一个旅游景点。有人问她最近的取款机在哪里，也有人要求推荐中国餐馆。

忙完之后，她回头转向我，用苍白的手腕擦了擦眉头。她不认为又脏又挤的唐人街有什么好参观的，她解释说："人们来这里是为了寻找中国食物或者是一些具有代表性的礼品。也许他们旅行到这里，想带一些非常'中国'的东西回去，只是为了纪念'我曾去过檀香山唐人街'。"

当我提到一些人来是为了体验这个地区的历史氛围和华人文化时，她变得激动起来。作为一个在这里长大的中国移民，格蕾丝对于将唐人街吹捧为"夏威夷最有趣、最神秘的街区"的宣传活动嗤之以鼻（这是檀香山唐人街官方网站上的说法，语调虽然过时，但得到了当地华人团体的认可）。她急切地向我表达她自己对于"中国味"的看法，以及如今生活在唐人街的体悟。

她说："如果你去中国，会看到所有建筑都很新，很现代。"每年夏天，他们一家都会回国探望家人和朋友。"所以你不能说，唐人街就代表中国或者中国人，或者认为华裔美国人的生活就是这样子。因为这些百年老建筑并不能说明中国人现在的生活状况。"她承认，为下一代保护文化和历史、让他们知道过去的模样很重要。但是，这模样远远不能代表美国华人，对现在生活在这里的人也没有任何帮助。

格蕾丝说，城市可以在这里建造现代化的新建筑，这并不影响这里是唐人街的事实。"更现代一些，也是好事，对吧？"她问我，"你可以保留老建筑，向孩子们展示百年前的情景。但翻新房子并不一定需要更改它的结构。沿着酒店街走，可以看到很多很多房子，但它们真的很老，很破旧。没有人住在里面，那些已经是危房了。"

对格蕾丝来说，令她烦忧的不是建筑有无漂亮的细节，而是在强调保护这些建筑的同时，居民的生活质量是否得到改善。她问，谁有钱来修缮这些建筑？答案显然不是居民。市政府代表唐人街获得了几十万美元的州和国家拨款[3]，用于刺激经济，但实际上这笔资金迟迟没有下发（而且这些钱，说实话，也撑不了多久）。有些建筑已经搬空，另一些建筑被业主用作仓库。这种矛盾与建筑历史学家胡垣坤在评论旧金山唐人街天际线时的感受相仿：这些建筑里有故事、有价值，但它们不能以居民的生活为代价被冻结在过去。格蕾丝的批评呼应着昔日至今几代唐人街活动家的诉求，他们呼吁关注居民生活质量、争取经济住房和街道整改。

的确，尽管街上有警察巡视，但到了夜间，破旧的建筑和徘徊的闲杂人等还是令人感到不安。温暖的气候和附近的公园使这里成了流浪者栖身的好地方。"晚上10点半过后，整条酒店街有不少流浪汉过夜，挺吓人的，"格蕾丝告诉我，"即使没有人真的对你做什么，你还是会觉得危机四伏。"

夏威夷州议员卡尔·罗斯证实，在许多人眼中，唐人街的形象仍然是不雅的。他告诉我："与夏威夷其他地区相比，唐人街的犯罪率很高，而人们对它的印象比实际情况更糟糕。有能力搬离的家庭一般都不会留在那里。"

厨师阿伦·王认为，纽约42街的振兴过程就是唐人街的参照。他说："唐人街也许甩不掉红灯区的影子，但它正在成为一个能让人在晚上安心造访的地方，你可以去酒吧或夜总会，或吃晚餐，去看看文化展览，置身于檀香山的历史地带。人们应该感到舒适自在，不必担心有什么事情会伤及他们或他们的财物。现在还处于过渡期，不时会有犯罪活动发生，但令人欣慰的是社区里新设了警局。"

我访问了唐人街商人协会的克福瑞·张，这个成立不久的年轻志愿者团体以促进下一代传承中国文化为己任。克福瑞一派的立场是，鉴于唐人街在白天已经足够繁忙，人们可以更多地在下班时间到唐人街休闲消遣。他的提议是通过在阿拉公园（Aala Park）新举办的亚洲电影之夜这类活动，让更多的家庭参与进来，该活动得到了市长办公室的资助。

"现在唐人街的很多孩子都是新移民。他们不像我们以前那样是第二代、第三代甚至第四代美籍华人，他们有不同的顾虑。"现年40岁的克福瑞告诉我，他从小就经常在这个街区活动。"我们中的许多人都上过中文学校，或者参加过舞狮团等活动。这是我们过去与同胞和社区互动的方式。但现在很多新家庭的主要目标是谋求生计，孩子们不愿再参加这些事情。"换句话说，如果你是第一代移民，那么你是没有时间或财力去操心孩子的文化传承的。虽然克福瑞认为唐人街今天的状况比他小时候有所改善，但他也感觉到了邻里心态的整体变化——现在的年轻人不太有公民意识。他从街上的孩子们那里听到了这种差异。"他们会说：'张先生，街道太脏了，没人在乎唐人街的卫生。'但如果我问他们：'那么你愿意为它做些什么吗？你愿意早起过来帮忙打扫吗？'"他笑着模仿了孩子们的回答，"'啊，那不要，我们不想这样做。'他们只会问我来打扫能得到什么回报。没有人会对社区投入真心了。"

格蕾丝说，即使唐人街近来吸引了铺天盖地的媒体关注，但她并不认为政府真的关心她的家园。"在选举季的时候，那些人会来到唐人街一带拉票：'你好，投给我好吗？'他们如愿以偿后，就离开了，你再也不会看到他们。他们信誓旦旦地承诺，他们请求你的支持，每个人都非常友好，但他们最终不会带来任何改变。而且，他们还会在这里留影，到底是为了什么？就为了告诉别人这里有个唐人街吗？"她的语气逐渐愤慨，"归根结底，这只是一场大型公众表演。"

尽管格蕾丝观点强烈，但她否认自己是一个激进分子。与通过参与政治进程来应对社区问题的罗莎·王谢相反，格蕾丝将自己从中剥离出来。她告诉我，她只是一个普通人。"我只是说出我看到的情况。这都是普通人的正常反应。我不在乎谁成为总统或州长，这对我来说并不重要。我对政治没有兴趣，我也不做任何生意，所以我没必要和政治家做朋友。你问我的想法，这就是我的想法。"

虽然她住在唐人街，并且经常在店里帮母亲干活，但格蕾丝在附近认识的同龄人并不多。她的朋友大多是亚洲人，但都住在唐人街以外。格蕾丝和她的母亲习惯在下午5点半收工，然后从商店步行回家。在白天较长的季节里，他们会营业到更晚。但她们和附近的其他居民对于参与"改造社区风貌"的夜生活并没什么热情。格蕾丝说："我的一些朋友会来唐人街购物和吃饭，但我不会和他们一起去酒吧玩。"《檀香山星公报》最近的一篇报道称，自2006年唐人街峰会以来，"规划进展犹如鹅行鸭步[4]"，本地许多居民并未如预期那样在夜间前往唐人街。社区内大部分店主都认为晚间的客流还不足以支撑新业态的运转。

格蕾丝的大学在马诺阿，她开车上下学。她大部分时间都在学校里，和朋友活动也通常是在校园附近。我们见面的前一晚，她去参加了一个朋友的毕业聚会。"那是一个非常中式的家庭聚会，一张桌子，10个人，将近10道菜，挺好玩儿。"她嘻嘻笑着。朋友出生在檀香山，但父母是广东人。"10个中国人坐在一起，会有很多吃的。而且在这一顿饭里大家一直在聊天，可能得吃上三四个小时。我很喜欢。"

格蕾丝说，她父母的朋友也倾向在唐人街外生活和工作。"所以虽然我们住在里面，但我们的社交关系主要在外面，"她解释说，"很多中国人住在唐人街的附近而不是里面，因为这里实在不好找房子。可以说几乎没有房子。真的很难找了。我们有是因为我们很早以前就住下了。现在的建筑全都用于商业和办公了。"

她清楚社区的运作结构，也知道人们把唐人街看作一个低收入地区。"如果我说我住在唐人街，他们脑海中想象的会是一个更小更脏更便宜的地方。但其实在唐人街买一套公寓是很贵的！他们对这里有刻板印象，那种印象根深蒂固，已经改不过来了。"

在唐人街长大不仅让格蕾丝学到了这片街区的历史，还让她深深感受到几代人之间的语言差距。从好的方面看，正是唐人街的多语言环境促使格蕾丝选择了第二语言研究作为专业。她认为自己的未来就处于两代人——不会说英语的华裔移民，和不会说中文的新生代——的交点之上。

一天下午，我们一起坐在商店遮阳棚下的白色塑料椅上，她对我说："这是双向的。新一代人和老一代人都需要帮助。而我既会中文也会英文。中美之间正在产生更多贸易联系，越来越多的人想要学习中文，我觉得我可以帮助到他们。"

令人惊讶的是，即使在檀香山唐人街，这块在过去一个半世纪才逐渐变得文化多元的民族飞地，中国移民依然能在不擅英语的情况下很好地工作和生活。格蕾丝说，因为有大量的中国人在此定居，所以很容易找到掌握双语的人帮助你。而在新移民和他们的ABC孩子之间，这道语言鸿沟不会轻易消失。格蕾丝在自己的家庭中也看到了这种分歧：她的弟弟凯文今年10岁，他能和家人用中文对话，但不懂读写。他的华裔朋友几乎都说英语，格蕾丝预见，过不了太久，他将完全忘记中国话。

我问她为什么他们一家仍然住在唐人街，她告诉我，她的父母已经习惯了这里。她的家人很喜欢这些市场，他们能够买到想要的中国生鲜。"他们对这个环境很满意。而且这里的生活很方便，我们走路就可以去购物。"她也没忘了补充重要的一点：在这里，人们说中文。

虽然格蕾丝痛批唐人街的当代问题，但她日后想留在夏威夷生活和工作。凭借她的语言专业和能力，她相信未来在唐人街社区有自己的用武之地。"尽管街头卫生和流浪人员是一个问题，但我仍然喜欢这里，"她说，"我喜欢这里的天气，这里的水。这里的人很亲切。这里没有工厂，所以空气也新鲜。总之是一个不错的居住地。"

但她认为有一种方式可以在维护唐人街历史的同时，让它不那么面目不堪，不那么被外人误解和指点。"甚至图书馆里所有关于中国和唐人街的书都很老旧。"她说。我告诉她，她分享的故事可以让人了解今天这里的生活方式，这本关于唐人街的新书也许能向其他人展现另一个角度的思考。她想了一会儿，然后问道：

"你这本书什么时候出版？"

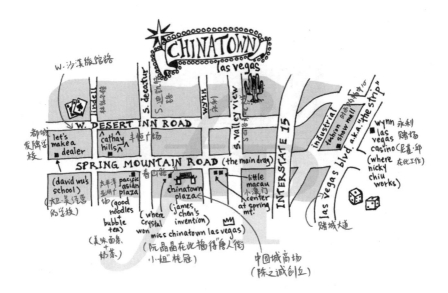

州际公路上的中国城标牌，拉斯维加斯
图片来源：陈之诚

第 13 章

# 下一出口，中国城

## 一个男人开创了新派唐人街

从许多方面来看，拉斯维加斯的唐人街与其他地方别无二致。这里有卖活的螃蟹和龙虾，有中医堂，有奶茶店，有面包房，还有汉方美容院。中文报纸《拉斯维加斯中文日报》（*Las Vegas Chinese Daily News*）的办公室就藏在某家店面之后。州际公路上的标牌告诉游客"中国城下个出口右转"。大大小小的中餐馆各有着梦回皇朝的古典名字："明朝"（Mein Dynasty），"海港殿"（Harbor Palace，中文招牌名"食为先"），"帝王花园"（Emperor's Garden，中文招牌名"金鼎"）。到了下午，餐馆和商店里挤满中国购物者，车流缓慢，司机们探出脑袋四处寻找停车的地方。社区公示栏里贴着租房和售卖二手显示器或小摩托车的中文广告。当然，还有每年春节如期举行的盛大庆典，舞龙舞狮，鞭炮连天。

但拉斯维加斯的春节庆典有其特别之处：它举办在一个停车场里。这里的活螃蟹也不在街坊水产店，而是在大华超市①里。最值得注意的是，拉斯维加斯的唐人街没有居民——它实际上是一个购物中心，由开发商陈之诚在20世纪90年代中期建立。照他的话说，这是美国第一个经过总体规划的唐人街。

赌城大道以西一英里处就是"中国城商场"（Chinatown Plaza），我来到这里观察它的节奏，听创始人讲他的故事。陈之诚是一位身材修长的60岁老人，举止热情友善，经常可以看到他在中国城与租户和顾客聊天。和他的对话印证了一个毋庸置疑的结论：他确是一个充满想法的人。1971年，他从中国台湾来到洛杉矶唐人街后，想出了自己的第一个生意：中国蔬菜农场。他的想法是，给传统的美国餐饮带来一些新品种蔬菜，解救美国人"被封印的味蕾"。"我觉得美国菜不行，全是土豆和烧肉之类的东西。"陈之诚说。他从中国台湾带来一位相熟的中国农业专家，开始在圣地亚哥县进行农业生产。但一段时间过后，他发现这些

---

① 美国西部流行的大型连锁亚洲超市。——译者注

菜在唐人街卖不出去。

原来，这些蔬菜大多是北方品种，而他的顾客——居住在洛杉矶唐人街的台山人和其他广东人[①]——主要来自中国南方。这是一个严重的市场问题。"台山人和其他广东人甚至不认识这些菜，"陈之诚笑着回忆说，"他们指着上海青问我，'我们吃的白菜好大个儿的，怎么你这白菜这么小的喔？'"陈之诚出生在湖南，他的父亲在他一岁的时候带他们全家搬到了台湾。学生时期他前往美国，是第一批越洋的中国台湾人之一。

"我是华人，但在他们眼里我不是，我是唐人街的异乡人。"陈之诚谈起在刚到美国的前十年里和广东人打交道的经历。在洛杉矶的唐人街，他遭到了和陈方在檀香山一样的歧视。"他们说：'点解同人唔讲同话？'意思就是为什么中国人不讲中国话。他们当时不太接受我。"对一个小生意人来说，试图改变整个社区的习惯是一个艰巨的任务。他最终学会了足以日常交流的广东话，并在加州做成了其他生意：一个是中华美食广场，另一个生意则有

---

[①] 台山虽然在行政规划上隶属于广东省，但有独特的台山方言，因此台山移民与其他广东移民常被看作两派不同的移民。并非不分省市层级。——译者注

关中国电影和电视发行。但他在洛杉矶唐人街——这是他到过的第一个唐人街——的所见所闻，令他开始思考。他见证了唐人街贯穿20世纪70年代、80年代和90年代初的转变，不由得希望探索这种群落的意义，以及自己与唐人街的联结。"我觉得这个事情很有意思。从我一开始来到美国，我就好奇为什么每个大城市都有唐人街。"他说。

渐渐地，他注意到了一些事情，这些点滴最终汇集成了他的终极计划。1977年在毛伊岛的蜜月旅行中，他翻开电话簿，想找个餐馆带新婚妻子品尝"炒杂碎"。他们开车找了三小时，到处都没有这道菜。"我妻子很生我的气，"他说，"我开始想，为什么我会对中国菜如此执着？我们只在毛伊岛停留一天，为什么我不找到它不罢休？唐人街的一大魅力就是食物，我知道在那儿一定能找到我想吃的中国菜。"

在20世纪90年代初，陈之诚经常与来自洛杉矶地区的朋友一起去拉斯维加斯小游，两地距离只有四小时的车程。罪恶之城当时正处转型期，希望扭转"赌博圣地"的单一形象，变得更全民化、娱乐化，许多家庭开始前往拉斯维加斯度假。对他来说，拉斯维加斯犹如天堂：美妙的天气，精彩的表演，遍地的财富。这里什么都有，唯独缺了他喜欢的食物。陈之诚在这里也尝试寻找中国菜，但像在毛伊岛一样，他一无所获。他问自己，拉斯维加斯，这么一个有着金字塔形大赌场、连火山喷发都能定时表演的城市，为什么会没有唐人街？诚然，拉斯维加斯是一个新兴城市，没有成规模的、独立于主流社会的华人群体，也没有足以催生唐人街的悠久历史。但陈之诚认为，拉斯维加斯的发展速度之快，能够容纳一些例外。他不能再等了。

　　陈之诚想，既然这里没有唐人街，是不是可以由自己来填上这个空缺。"这里有很多来自中国和美国的亚洲游客，他们可能也会和我一样四处找寻，"他说，"你也知道我们中国人对美食的那种优越感：'你们这儿挺不错，我可以开你们的车，住你们的漂亮房子，但是食物不行！'"他打趣道，"这个想法一直在我脑中盘踞——我要为中国游客建造一个唐人街。"

　　可想而知，他收到的大部分反应都是负面的（他的律师告诉他，在拉斯维加斯大道以外的地方开店将是一场"豪赌"）。但陈之诚认为这个想法并不荒唐，因为中国人已经熟知拉斯维加斯多年。作为一个旅游景点，拉斯维加斯很受外地华人的欢迎。许多赌场在洛杉矶唐人街都设有定期出发的旅游巴士，管理层也开发了一些特殊项目，以吸引日益阔绰的亚裔赌客。

　　当地的华人总数也在增长。陈之诚指出，实际上在19世纪70年代，"太平洋铁路"修建期间，中国人的数量十分庞大。1880年，他们至少占内华达州人口的8.5%[1]（可能还有更多的人未被计算在内）。曾研究过当地华人社群的内华达大学拉斯维加斯分校"华裔历史学"教授张素芳（Sue Fawn Chung）说，尽管到1950年，华人比例在该州降低到0.25%以下，但1965年后的移民热潮使拉斯维加斯的华人人口急剧上升。在20世纪90年代，该市的华人人口增长了近250%，2000年总计约15 000人。到了20世纪90年代末，尽管许多美籍华人被雇为荷官，但大多数人仍是在赌场或餐饮业中营生的低收入劳工。

陈之诚花了很长时间为他的唐人街项目做调研，结论是，像传统唐人街那样全靠本地华人居民支撑是行不通的。华人人口增长率的确很高，但仍然没有足够的华人居民来确保新唐人街的生存。尽管唐人街最初是因当地华人的需求而生，但它们后来都逐渐成为主流游客的文化探索目的地。他认为，这就是唐人街的未来。他说："我观察到的就是这样，因此，我这个唐人街应该不仅为本地华人，也要为游客而建。这才是现代的唐人街。"

几年前，《华尔街日报》在头版刊登了一篇文章介绍陈之诚和他的唐人街项目。在文章中，他是一个对未来有着乐观展望的企业家，他相信"建好了自会有人来"。"先下手为强，迟了就输了[2]。商业游戏就是这样。"他的主要出发点是，中国游客不容小觑，但没有人在意他们，没有企业认识到他们的市场潜力，没有生意迎合他们。他希望为中国人和像他这样的美籍华人打造一个天地，同时也吸引其他的游客。

尽管陈之诚并没有意识到，但事实上他也追随了两个唐人街先祖的步伐——最古老的旧金山唐人街和20世纪30年代重建的洛杉矶唐人街。在1906年的地震之后，旧金山唐人街进行社区重组时，当地的领导人知道，如果唐人街要生存下去，就必须迅速建立文化和旅游景观；当洛杉矶的旧唐人街因让位于联合车站而被夷为平地时，当地人建造了一个新唐人街，并强调了它的旅游功能。陈之诚对他的新唐人街也有类似的远见：尽管建造中式外观需要更多的投资，但他坚持从建筑本身开始吸引游客。一个普通的老美商场是不行的。"如果只是修一条普通步行街，那就将泯然于众，"他说，"得和美国化的唐人街区分开来。"陈之诚下定决心，中国城商场不能只是一个商场，它应该成为一个地标。

跟随15号州际公路的标志指引，往西进入春山路开往中国城，你会发现一些破旧的遗迹——高高堆起的木质货运托盘，废弃的建筑围墙——这些都示意着这片地区工业化的过去。但不过多久，天际线上就会出现中国式的装潢，翻起的屋檐和瓦片屋顶显露眼前。经过几个仿照陈氏的想法而起的中式风格购物中心（春山广场、春山中心）之后，你就到达了它的中心——中国城商场。巨大的欢迎拱门宣告着"您已抵达"，穿过这道门就到了停车场。这个拱门之庄严，令人不由得将其比作中国版的凯旋门。你会看到喷泉和高耸的玄奘金像，玄奘是一位著名的中国僧人，为寻找佛经而西行。陈之诚给这座雕像取名"西游记"（但因为中国匠人在安装时忘了检查方位，雕像实际上面朝东方），金光闪闪的僧人注视着挤满了汽车和旅游巴士的停车场。

开业10年内，陈氏唐人街便如愿成了地标。当地政府正式指定中国城商场为亚太文化中心。如今，中国游客来到拉斯维加斯一定不会错过这里。我母亲的朋友们是拉斯维加斯的常客，他们每次都会到中国城商场吃云吞面。一位在中国城的珠宝店当店员的中国妇女告诉我，她所有的中国朋友到了拉斯维加斯都会前来拜访——这里已成为无人不晓的中国商标。就像去拉斯维加斯大道的意大利游客会在威尼斯人酒店门前的复刻运河留影一样，对中国人来说，拉斯维加斯的中国城是到美国的必游景点。"他们怎么知道这里就是中国城？"我问女销售员。"因为拱门上这样写的呀，汉字儿，'中国城'。"她平淡地说，似乎这毫无悬念。

美国唐人街的发展方向是有迹可循的，拉斯维加斯被开发也是顺理成章。商场这种商业形态是在美国诞生的，郊区的无序扩张也是。《纽约时报》专栏作家、文化评论家大卫·布鲁克斯将郊区不断外延从而形成"卫星郊区"的现象称为"远郊蔓延"（exurban sprawl），他总结这是美国当代的迁移模式，并且已经达到了一个历史性的时刻。布鲁克斯在他2004年出版的《天堂之路：活在未来时》中谈到了蓬勃生长的远郊。内华达州是全国远郊扩张最快的州之一，即使在一片沙漠中间，也能够很快生成一个配备零售店和足球场的成熟社区。而在拉斯维加斯，一切都需要经过总体规划。随着不同的人群开拓新的集聚中心，民族聚落的出现也是自然而然的。

当我告诉人们我要去拉斯维加斯参观唐人街时，基本上每次得到的回应都是："拉斯维加斯还有唐人街？"许多人对唐人街的印象，就是破旧拥挤，住着不通英文的中国移民——对于这一点，很多华人（比如檀香山的格蕾丝·谭）都表达过不满。不过，新的移民浪潮向郊区输送了受过教育、层次较高的中国人，他们有能力购买房子和汽车，并把子女送进更好的学校。建于郊区的商业化唐人街开始出现在美国各地，包括马萨诸塞州的昆西、纽约州的奥尔巴尼、佐治亚州的亚特兰大和佛罗里达州的奥兰多。历史学家邝治中认为，曾经特征明显的城镇华人定居模式现在正在郊区"重组"。尽管与过去的情况不同，但这不一定是一件坏事。张素芳说，拉斯维加斯唐人街是内华达州唯一的唐人街，代表了一种"新概念"，在8000多平方米的面积内成功结合了商业与文化价值。

"它不像旧金山唐人街那样独立，功能不那么全面，"张素芳说，"这里没有亚洲教堂，汉语学校倒是有一个，但也有其他地方可以选择。只能说它可以满足一部分文化需求，但不是全部。"

传统的唐人街往往商住一体，因为早先的华人没有太多地方可去。这个唐人街则不同，你可以只来购物而不必住在这里。拉斯维加斯的华人仍然多数从商，分散居住在城市各处。而对比蒙特雷帕克或昆西等华人定居社区，拉斯维加斯唐人街显示出另一个重要特征：唐人街先来，华人后到。

无论如何，拉斯维加斯唐人街是所有商业性唐人街中最负盛名的一个，我迫不及待想在这个"陈氏街区"探索一番。为了方便本地华人与华人游客，同时呈现真实的中华文化，陈先生将一个老街区应有的功能全部集成在此。他在商场的走道周围安装了许多宣传海报，介绍京剧、传统茶艺和中国哲学思想等；为惠及华人社区，中国城商场赞助流感疫苗和免费乳腺检查，并在选举季设立投票站；在停车场举行的新春庆典，每年吸引的参观人数超过6000人，另外春节期间还有为近2000名内华达小学生举办的为期三天的文化开放日，孩子们可以参观多个文化展间，学习使用算盘（由陈之诚本人教授），了解中国书法、中医中药和中国饮食传统（筷子的用法、家庭用餐礼仪）。每天的活动以当地歌舞团的舞狮和武术表演告终。这些表演团也是陈先生帮助创办的，现在常被拉斯维加斯的赌场雇去接待中国顾客。

在中国城商场周围扎寨的几家商场，各自有独立的指压按摩师、牙医、餐馆和地产经纪阵容。他们都试图效仿陈之诚的商场，但其中有些给人感觉不太对味：虽然春山中心后期加盖的宝塔屋顶[3]

下确实有些亚洲企业——其开发商花了500万美元和两年的时间对其建筑进行翻新，试图与相邻的中国城商场风格相融——但也有很多人们耳熟能详的美国连锁店，比如星巴克和奎兹诺斯（Quiznos）。而至于其他商场，中国特色是毋庸置疑的：往西的太平洋亚洲广场有各种杂货店、餐馆和其他生意，几乎是清一色的中文招牌。

在中国城商场漫步时，陈之诚和我经过了旅行社——里面的每一名经纪都面对好几个顾客；然后我们进入一家荧光灯闪烁的音像店，白色的货架上整齐地摆放着来自中国的最新DVD；我们看着人们在"钻石饼家"小小的店面里穿梭，那里可以定做中式婚礼蛋糕（"在拉斯维加斯，婚礼特别多。"陈之诚说，商场里还曾设有一个佛教小礼堂，供想结婚的游客使用，让他们穿着传统的中国婚服拍照，但结果并不怎么受欢迎）；之后我们又逛了逛长城文化书局（Great Wall Bookstore）——如果放到洛杉矶，这家店可能显得很小，但在内华达州，这是第一家也是唯一一家中文书店。还有其他一些商店，售卖的商品从玉雕、手机到行李箱，应有尽有，不一而足。

我们当然还探访了商场的六家中餐馆。一家提供港式烤肉，另一家做上海菜，其他分别是广东海鲜、中华料理、川菜和茶点。除了中餐馆以外，还有一家韩式料理、一家越南面馆、一家寿司店，以及一家菲律宾快餐店。陈之诚的长子艾伦经营金鼎川菜（Emperor's

Garden）多年，不过他的一位台湾老友最近盘下了这家餐馆，准备从马里兰州搬来接管。我们在这里吃了午饭，看到了各种各样的顾客：穿制服的赌场员工、旅游巴士运来的游客、大小家庭。陈之诚发现《拉斯维加斯中文日报》的老板欧冬来也在用餐，她和她的丈夫坐在一张桌子旁，挥手向我们打了一声招呼。就着传统的四川麻辣馄饨、糖醋白菜和热豆浆，我们探讨了唐人街的当代现实。

我的观察是，拉斯维加斯唐人街的发展与传统唐人街的方向恰好相反：它计划先从吸引中国游客开始，希望未来有一天当地的中国人也会喜欢来这里。陈之诚点头表示同意。他说："这个唐人街是现代和传统的混搭，并且我们还要着眼于未来。让唐人街不仅仅为中国人存在，这是我的基本理念。传统性、现代化、未来感，这三者缺一不可！这个理想需要我们付出巨大的努力和长期的调整。"

在向陈之诚了解他的中国城简史这个过程中，我最意外的一个发现是，种族偏见在这里和在美国历史上的任何唐人街一样，泛滥而直接。你也许觉得种族歧视的因子不会深入到这样一个诞生不久的现代唐人街里，但陈之诚讲了一些令人意外的故事。在他刚开始为中国城挑选地皮时，一位业主明确告诉他，自己不卖给中国人，理由是"中国人炸了珍珠港"。直到近年，每当中美之间爆发争议事件，中国城管理办仍会接到大量的种族主义者来电。

再以州际标牌的曲折故事为例。陈之诚说，自1996年政府将中国城指定为文化中心后，该地区的商人们成立了一个中国商会。随着新春庆典、投票协助和其他社区活动的开展，商会找到内华达州参议员哈里·瑞德[①]，要求在州际公路上竖立一个标牌。

"当时拉斯维加斯非常'白'，我们不止一次听到过'你们中国人到这儿干什么？'的质疑，"陈之诚说，"当时的氛围就是，你可以小打小闹，但不能太过招摇。但我们还是去找瑞德，跟他说：'我们正在壮大，你不能忽视我们。'我们有一定的影响力。内华达州很不寻常——你知道吗，在只有铁路的那个年代，内华达州一度有大量的中国人口，当时其他人还没涉足这里。这是一段有趣的历史。总之，瑞德表示非常支持。1998年他以几百票的优势获得连任，我们这边就贡献了三四百票。他甚至在中国城投过票。"

瑞德命人在州际公路上为中国城竖起一个标牌。但仅仅两天后，内华达州长罗伯特·米勒便下令将其撤除。"因为有人抱怨它和'UNLV'（内华达大学拉斯维加斯分校）的标志一样大。他们说：'这是什么人？凭什么立这么大个标志？'瑞德说：'对不起，我尽力了，但是州长不同意。'米勒州长认为这不合适。又过了一两年后，肯尼·古恩想竞选州长。他来到中国城拉拢亚裔群体的支

---

① 2007—2015 年间任参议院多数党领袖。——译者注

持——赌场里是有很多亚裔工人的，尽管在街上不怎么看得到，但他们的数量不容小觑。我们就问：'你当选后，会把标牌重新立起来吗？'他说：'会的，应该的，它是文化的象征。'于是他在1999年当选后，就把春山路以西的整个地区划定为唐人街，并把标牌放在了现在的位置。这一次我们确保了标牌大小适中，低调得不会冒犯到任何人。这算是我们为了打响名号而做出的一些斗争吧。"

牌子装好后，当地的新闻频道采访陈之诚，问他为此给政府捐了多少钱。他愤愤地说自己没给过钱。"这种刻板的猜想总是围绕着我。他们问：'你确定吗？我们是会去调查真实性的。'"陈之诚回忆道，"我就说：'去查呗！'他们总是怀疑中国人在背地搞小动作，一定有隐情，一定有贿赂，否则政府有什么理由为我们做好事……我们太难了，美国人不喜欢看到他们的政客和中国人有过多联系。"

面对种族主义，陈之诚认为包容的态度十分重要。中国城商场的标牌、文化展示和节庆活动是表明姿态的重要渠道。在美国国庆节和老兵节他们会挂上美国国旗，"告诉他们我们的身份不仅是华人，我们也是美国人"。

但是，当地华人社区内部也浮现一些批评，抱怨陈之诚和中国城商场垄断了"中国城"这个名字。"我只好解释，不，我叫'中国城商场'，这只是一个起点。好处不是我一个人的，我把游客吸引过来，大家有钱一起赚。如果没有这个地方，亚洲人的钱只会花在大道上——那些赌场里。赌场就像黑洞，它只进不出，不会给当地人任何回报。而我们则把旅游资源带给本地人，这在拉斯维加斯是罕见的。我们提供了很多就业机会，也带动增长了其他服务业。"

　　陈之诚给了我一份最新的《赌城华商电话簿》，这是《拉斯维加斯华人日报》出版的册子，有2.5厘米厚。"以前是特别小的一本。"他说着把它翻开来。现在，里面其至有一部分专门收录最传统的中国机构：协会。从中国城狮子会到拉斯维加斯台湾同乡联谊会，共有20多个。陈之诚惊叹于协会有时候比律师管用得多。

　　陈之诚的设想最终都得到了应验，尽管不一定是以他期待的方式。他创造了一个功能齐全的唐人街，随之而来的是令人头疼的政治和社会问题。"既然选用了'中国城'做名字，是应该背负一定的历史和文化责任，"他说，"但我没想到的是，原本只是做个生意，最后却要面对一系列政治事务、社区事务，处理文化问题、呵护未来、维护民族形象、打点政府关系。"说到这里，他露出了苦涩的笑容，"我没有预料到我将必须承担这么多东西。一个中国城等于千万个包袱。"

　　旧金山的建筑历史学家胡垣坤说，中国赌博在美国有很深的根基。他告诉我，"基诺"（一种类似于彩票的赌博游戏）的前身就是中国的"白鸽票"（清朝时中国民间流行的一种博彩），白鸽票使用汉字，而基诺使用数字。"它在加利福尼亚被取缔了，然后在拉斯维加斯和雷诺流行起来。"如今的拉斯维加斯在很多方面仍然明显受到中国的影响：很多赌场在他们的赌池中采用了宫廷风格的装潢；根据古老的中国同名骨牌游戏设计的牌九扑克在赌厅内有着不容忽视的地位；百家乐也广受亚洲赌客的欢迎。

从某种意义上说，中国人已经占领了拉斯维加斯的赌博场所。2007年，《纽约时报》报道说[4]，为期两周的中国春节假期可能是赌城一年中最赚钱的时段。中国人在节庆时通过各种游戏来博好彩的文化传统已经持续了几千年，但直到近几年，商家才开始极力讨好中国顾客。赌场纷纷为它们最具潜力的消费群体专门开发服务项目：从中国台湾请来著名歌手开演唱会，从中国香港请来名厨（或者直接从中国城的餐馆里挖来）；VIP休息室的装修讲究风水，并且以茶代酒。维珍美国的拉斯维加斯航线甚至在机上娱乐系统中提供电子麻将。2008年春节期间，我在拉斯维加斯入住威尼斯人酒店，红金配色的塑料房卡上写着大大的"鼠"字，酒店的塔楼挂满红色的十二生肖横幅。大型赌场集团哈拉斯娱乐①的一位主管告诉我，中国顾客是赌城博彩业不可或缺的一部分。

陈之诚说，赌场与中国城的关系令他意外。"他们用私家豪

---

① Harrah's Entertainment，后更名为凯撒娱乐集团。——译者注

车把所有的中国大老板带到这里，因为他们都想来吃五美元的面条，"他告诉我，"赌场免费送他们人均300美元的高级晚餐或者红酒都不要，就想来这里。赌场只好派人跟过来然后付钱。"

非法赌博的问题一度是亚裔社区的难言之耻，现在也越发受到关注。作家比尔·李（Bill Lee）出身旧金山唐人街，他在自传中讲述了童年时对赌博文化的耳濡目染，以及成年后债务缠身并且尝试戒赌而屡战屡败的经历。现在可以找到专门面向华人的匿名戒赌互助小组，内华达州和加利福尼亚州也有其他一些普通话/粤语疗愈项目。

当陈之诚在中国城张贴有关戒赌小组的信息时，赌场那边传来了意见。"他们当然会不高兴。"他说，他也曾短暂地考虑过在中国城开一家中国赌场，但最终他决定，还是让赌场留在远离社区的拉斯维加斯大道上。2007年年中，一家名为"小澳门"[5]（现已歇业）的博彩酒馆在中国城开业，占据了商区里唯一的酒馆用地。《拉斯维加斯商业新闻》报道其"在短短六个月内就成了一个'赌博巨人'"。小澳门的宣传语是"喝一点儿，玩一点儿，吃一'点'（Drink some, play some, dim sum）"，空间仿照澳门风格的休闲餐吧，提供饺子等亚洲小吃（澳门赌场的年收入现已超过拉斯维加斯，被称为"东方蒙特卡洛"——摩纳哥著名的赌场区）。小澳门的客群主要是亚洲人——一位酒保说，顾客里半数都是亚洲人——许多赌场的华人劳工也会光顾。这家酒馆的老板认为，选址在中国城就是他生意成功的关键。

陈之诚最开始主要是想重现旧时街区里自己习惯的饮食文化，最后却几乎打造出了一个完整的社区。这个社区赋予他义不容辞的责任。多年来，当地的同胞一直默默地支持他，同时也形成一种无言的监管。社区建设者的角色落在他肩头，他必须不负众望，维护中国城的名号和形象。

美国各地的开发商纷纷打电话给陈之诚，请他在新的地点建造唐人街。他拒绝了每一个邀请，但他相信唐人街的未来不会脱离他开拓的这条探索之路。在中国城进入稳步发展后的几年里，他仍然专注于这片社区尚未开发的潜力。中国快速增长的经济实力和全球影响不断灌注着他的信心。

尽管唐人街在美国是一个屡试不爽的实践，但负面的因素仍然存在。"在美国文化中，'唐人街'也有些不好的意味，"陈之诚说，"它暗示着肮脏、粗暴、污秽，当街加工，人们只会中文，事不关己，与世隔绝；还有更糟糕的，黑帮、卖淫，诸如此类的事情。所以在拉斯维加斯，我们必须做得更好。初建中国城时，我们华人的形象岌岌可危。在这样一个摩登新城建设唐人街，我希望人们看到中国人也擅长经营生意。它必须是与这个现代都市相称的现代唐人街。"

其中一个做法就是延伸唐人街的概念，让唐人街不再仅仅是为中国人服务。这种延伸也体现在其他新唐人街中。"唐人街是一个象征性的词语[6]，"佛罗里达州亚洲联盟主席坡米·刘（Pomie Lau）在被问及奥兰多新建的唐人街购物中心时这样告诉《奥兰多哨兵报》，他说，"它并不是只为中国人而建。"与中国城商场一样，该购物中心以唐人街为名，但也吸纳其他亚洲租户，包括一家越南旅行社和一家印度诊所。

历史学家张素芳说，拉斯维加斯中国城已经成功地在朝这个方向发展了。它对亚裔和非亚裔来说都是一个热门目的地，提供杂货店、眼镜店、餐馆和美发店等，满足日常功能。她还强调，每年在中国城停车场举行的新春庆典和街头集市，很好地向普通民众介绍了亚洲的美食和娱乐，这些活动的包容性有助于让整个社区都了解到亚洲文化。

如今在中国城商圈的东西两边街区，陆续涌现出许多泛亚洲商产。张素芳指出，陈氏"中国城"的成功引领了更大范畴的"亚洲城"的发展。在最近的一次造访中，我从中国城开车往西走，想看看这个亚洲城有多大地界。不到几英里处，就见到一大块空地上竖着一个牌子，上面写着："韩国城！即将开业！"

为拉斯维加斯唐人街小姐加冕

图片来源：陈之诚

第14章

# 全美唐人街小姐

## 沙漠中的选美皇后与舞狮人

1995年，中国城在拉斯维加斯落成时，阮晶晶才12岁。她的父母从东海岸登陆美国，最后一路向西。在同龄的美国华人中，像晶晶这样土生土长在拉斯维加斯的孩子寥寥无几。她的父母是30年前第一批在此地定居的华人，和许多当地人一样，他们先是受雇于赌场做工人，然后晋升至荷官。再后来，他们开始创业做保险。

虽然父母的朋友大多是华人，但晶晶发现，在她的小学班级中，她几乎总是唯一的亚洲人。然而根据班级的构成变化，她察觉到了中国人口的不断增长。初中时期，更多的移民来到这里，学生群体逐渐变得多样化，她的同学不再仅仅是白人。随着移民浪潮的扩大，到了高中，她拥有了自己的亚洲朋友，并且能到新建的中国城里玩耍——他们会约在奶茶店见面，或者去隔壁的俱乐部唱卡拉OK。

她说从没想过自己会和唐人街有所关联，直到中国城出现。"小时候我没有注意到自己在拉斯维加斯是少数群体，因为孩子的眼中没有肤色。"她这样说。这是一个阳光明媚的上午，我们在中国城商场的楼上会面。她是一个深思熟虑、能说会道的女孩，长长的刘海盖过她的深色眼影，脸上有一些雀斑；她是一位受过古典训练的小提琴手，刚从内华达大学拉斯维加斯分校（UNLV）获得音乐学位，待会儿准备去给学生上小提琴课。除了教学之外，她还定期和一个女子弦乐四重奏乐团在市里的各种活动上表演。她指着中国城购物中心，商场的管理办公室就设在那里。"我记得当时这栋大楼正在施工，但我不知道要建什么地方。中国城开业时，我才刚刚开始建立自己的身份认同。我以前从没接触过这个概念，后来我才知道原来全国各地都有唐人街文化。"

中国城的餐馆和商店吸引了老一辈人，而珍珠奶茶和KTV则受到青少年的青睐，这里成了晶晶和同龄孩子们吃饭和聚会的社交中心。她发现自己喜欢吃正宗的中国菜，并且很高兴能听到这么多人讲着父母的语言。这个地方的某些东西与她产生了共鸣；她感到自己不再是形单影只，对自己的民族文化逐渐萌生了兴趣。"我是在中国城的陪伴下长大的。"她说。

中国城开张七年后，阮晶晶成了第一届拉斯维加斯唐人街小姐。

"唐人街小姐"选美大赛在美国的历史可以往上追溯一个世纪，因此，一个诞生于华丽新都会的年轻唐人街也想要举办自己的盛会，是再正常不过的事情。有据可查的第一位唐人街选美皇后[1]是露丝·刘，她在1915年旧金山巴拿马万博会期间举行的唐人街嘉年华上摘得桂冠。这比主流的美国小姐选美赛还要早——第一届美国小姐[2]于1921年举办于大西洋城，作为一种"营销手段"，吸引游客在劳动节假期过后停留更长时间。

美国小姐选美比赛从一个当地的泳装选美慢慢演变为广受关注的全国性活动，表达对美国模范女性的盛赞，唐人街小姐也同样是理想华裔女性的象征。这些选美比赛能够强化集体自豪感——"拥有如此的美貌、智慧、风度与才华[3]，美国小姐就是世界上最令人羡慕和钦佩的女孩"，20世纪60年代的一次美国小姐电台广告中这样说道——而在唐人街小姐选美中，也蕴含着民族情感。旧金山中国商会[4]在1954年将唐人街小姐选美赛纳为新春庆典活动的一部分，使这个概念更加深入人心。在这之后，许多美国大城市的年度性文化庆典活动中都会包含某种形式的选美比赛。1958年[5]，旧金山的选美比赛开始邀请全国各地的年轻华裔女性参加，比赛正式走向全国。这就是"全美唐人街小姐"的诞生。

就像20世纪初的美国华人捕捉到向世界推举一位仪态优雅的中华文化大使的重要性一样，陈之诚和拉斯维加斯华人社区也相信，唐人街小姐选美将是与当地政府以及更广泛群体达成积极沟通的一个桥梁。

"我作为一名华人、一名男士，能完成的事情很有限，所以我想，由一位年轻的中国女性来代表我们的形象、传递我们的声音，或许会更好。"一天下午，陈之诚在他的办公室里告诉我。他给我看了2002年首届拉斯维加斯唐人街小姐的照片和宣传材料。被裱起的活动海报上，17位参赛选手露出迷人的微笑，她们头戴巨大的王冠，显得有点儿滑稽。"比起我们，市政厅的人更欢迎一位美丽的唐人街小姐去拜访，"陈之诚说，"她很会说话，也容易收获关注，这样我们能更快捷地与政府建立起关系。"他笑着但又不失认真地说，唐人街小姐是当地华人社区打造的一个秘密武器，是提升华人形象和认同度的一个好办法。

而对于阮晶晶来说，成为秘密武器并不在她的考虑之内。作为一名害羞的19岁大学新生，她根本就没有想过这个问题。2002年秋天，活动组织者第一次联系她来参赛时，她并不感兴趣。当时，她和现在一样，主业是古典音乐，她参与的比赛都是和小提琴演奏试镜有关的，不包括穿着闪亮的晚礼服表演。她笑着告诉我："我觉得那并不是我的风格。但后来我想了想，这似乎是一个很好的登台机会。"

当然，作为一个选美比赛，夺目的妆容与发型是必不可少的。女孩们需要学习专业的拍照和妆造课程。一位编舞师被请来指导女孩们跳中国传统民族舞，作为最终赛的开场节目；还有一所当地模特学校教她们如何正确走台步。对参赛者的评判角度基本符合常规，包括一两个展现中国特色的环节：穿插中国历史小问答的采访；才艺表演；晚礼服展示；旗袍走秀。获胜的"皇后"将获得1000美元的奖金，并代表拉斯维加斯参加在旧金山举行的全美唐人街小姐选美大赛。

选美当晚，晶晶穿了一件迷人的金红色旗袍，下摆和领口有金色镶边。她告诉我，她以前从未穿过旗袍，但很喜欢每个参赛者的不同造型。"有些女孩的旗袍是定制的，有些是从商店买的。"晶晶说。她的旗袍是向妈妈的朋友借的，那位阿姨年轻时会穿着它去参加派对。晶晶喜欢这件衣服背后的故事，"但最重要的是你的气质，以及你如何认识自己。穿上旗袍，我觉得自己好像就能和祖辈们产生隔空的共鸣，融入他们的传统中"。

中国城的广场上，金僧玄奘永远在向西朝圣。每年前往拉斯维加斯唐人街的中国游客也是如此。但对于一个生在美国的中国女孩来说，中国城引领她开启了一场"东游记"，去了解自己的文化传统。在唐人街小姐的才艺表演中，晶晶带来了一首传统的中国歌曲——《中国之旅》，十分应景。她用一把传统的西方小提琴演奏这首曲子，但用的是与平时不同的弓法。"这很难拉，"她回忆说，"有时听起来像琵琶，有时听起来像古琴，或者又像二胡，约等于中国的小提琴。我想这些声音在某种程度上可以代表我的身份。我从五岁起就开始拉小提琴，我认为这可以展示我的才艺，也能从音乐角度表明我的中国底蕴。我要告诉大家，我从小接受古典音乐训练、学习西方音乐，我是美国人，但别忘了我也是中国人。"还是那个百听不厌的故事——东方与西方的交织与碰撞。

唐人街一直是中国和西方世界推拉比试的场所，唐人街小姐选拔赛也不例外。在1997年一篇关于全美唐人街小姐历史的文章中，社会历史学家吴子春指出，组织者从一开始就"对唐人街小姐的参赛者有一个预设的形象[6]，她们需要体现中国和美国文化的完美结合"。优胜者应该是一位现代的、受过教育的华裔美籍女性，能说英语和中文，具有艺术天赋，同时也要有曼妙的身材，能够展现强调胸部和长腿的改良旗袍（毕竟这是20世纪50年代的美女标配）。唐人街小姐选美被认为是吸引正被主流文化同化的新生代美国华人的一种西方式手段。这种做法部分受到选美比赛普遍流行的启发。1954年，旧金山在新春庆典活动中首次加入唐人街小姐选美赛，同年，全美小姐选美大赛首次在电视上播出。

选美比赛在战后持续流行了几十年，但唐人街小姐选美对美国华人社区有着更非凡的吸引力[7]。比赛门票总是提前售罄，活动会通过当地唐人街电台和全国各地的中文电台同步直播。美国华人历史学会举办的"美国唐人街小姐"展览的策展人玛丽莎·路易（Marisa Louie），在2007年3月告诉《亚洲周刊》，这项选美比赛曾经是"唐人街的社交活动"。美国华人历史学会（CHSA）行政主任李闰屏（Sue Lee）说，她还记得她的祖父母会在阅读《中国时报》时为猜测哪个女孩会夺冠而争吵。"这对他们来说是一件大事，"她告诉《亚洲周刊》，"他们会追着这场比赛看，也会看全美小姐。这个比赛让我们看到，没有金发和大长腿的黄种人也可以成为选美皇后，我们和全美小姐一样受到承认。这就是为什么它能引起众多美国华人的共鸣。"

首届拉斯维加斯唐人街小姐选美赛没有进行电视转播，但引起了当地的广泛关注。数百人挤在中国城购物中心1000多平方米的礼堂里，包括前来助阵的参赛者亲友团；市里的中英文媒体蜂拥而至报道这一活动，闪光灯响个不停；当地的小学生也贡献了表演。

阮晶晶是第一位拉斯维加斯唐人街小姐，也是唯一一位。选美结束后，当地的中文报纸《南内华达州中文周报》批评中国商会和中国城商场对比赛的判定不公。陈之诚说："这毕竟是个小圈子，父母们期望过高，就会生气。孩子们倒是很喜欢这个活动，但对他们的父母和其他大人来说，其中满是竞争和政治。甚至在选美结束后的新春宴会上，大家就开始在意座次问题。在那之后，我就觉得我们还是应该专注于保健、流感防治、奖学金、文化展览、春节庆典等不容易引起争议、无关输赢的事情。"

在拉斯维加斯的一些活动里，晶晶受邀出席——她与其他四位"公主"（冠军以外的其他优胜者称号）拜访了市长，并主持了那年的中国城新春庆典，还和她的几名年轻学生一同登台表演。虽然她错过了2003年全国选美的报名日期，但赶上了第二年的全美唐人街小姐旧金山分赛。活动期间，她在旧金山市中心待了两个星期，享受那里的每一刻。全国选美赛在形式上与拉斯维加斯的比赛相似，但对成长于新兴城市和商业化唐人街的晶晶来说，两者的历史深度是不可比拟的。

"旧金山的选美比赛已经进行了很多很多年，好几十年，你可以感受到传统的沉淀。"她说，"我们访问了各种协会，我觉得特别有趣，因为在我们那边没有这样的机会。"虽然拉斯维加斯的中文电话簿中收录了当地协会，但大多数人与它们没有什么联系。而在旧金山，这些协会在社区中长期发挥着重要的领导作用。为表敬意，每位选美参赛者都会去拜访她的同宗协会（如果有的话），与唐人街的历史建立当代的感应。

"和来自全国各地的同龄华裔女生交流肯定很有意思吧？"我问她。晶晶点了点头，她说，最让她感动的就是认识了一群与自己有着相似兴趣的亚洲女孩，她们都充满活力。虽然晶晶是唯一一个偏好艺术的参赛者（其他人大多有着更职业化的追求，比如银行、商业或营销），但这些女孩显然和拉斯维加斯的不同："在那里，太多人被困在了娱乐行业。"

晶晶说："我很高兴认识这些同龄的女孩，她们都有自己的志向。"全美唐人街小姐的参赛者必须是17岁至26岁之间的未婚女性。她说，在拉斯维加斯，对教育的重视程度没有那么高。她和当时认识的许多女孩仍保持着联系，最近到湾区探亲时，还去见了一些在旧金山的朋友。

选美经历让晶晶对唐人街产生了新的看法。在青少年时期，她就感觉到家乡的唐人街与她在纽约和洛杉矶看到的其他唐人街不同。去过旧金山之后，她终于将这种感觉拼接起来。"当你真正深入感受，并且长时间身处其中，你一定会发现每个唐人街的特别之处。"她告诉我。纽约的唐人街似乎更繁忙，更像一个大城市——她称之为"城中城"。她认为这代表了纽约本身，热闹而熙攘。旧金山的唐人街则是古老而传统的，已经与主流市区融为一体。

她也看到了唐人街之间的共通之处。"我想它们起初形成的根源是相似的，"她说，"当然，拉斯维加斯的情况可能与其他的非常不同——它和拉斯维加斯一样，都太新了。它是这里第一个这样的地方，为拉斯维加斯增添了不同的文化，让拉斯维加斯不再只有赌城大道可以去。"

与旧金山唐人街相比，她认为拉斯维加斯的中国城"更像是一个混合体"。中国城作为她的社交主场，是一个各路亚洲人群都会经常光顾的地方，也包括那些比较西化的人。就像檀香山唐人街一样，中国城现在是一个促进文化融合的地方。晶晶说，韩国人、菲律宾人、越南人和中国人的相融体现了今时今日拉斯维加斯的风貌，这里的亚洲社群不像其他地方那样各自为营。鉴于她的童年生活中缺乏种族多样性，她很欣赏这种混合。

每当晶晶去其他城市参加音乐演出时，她都会造访当地的唐人街。她一直认为家乡的唐人街是一个为五光十色的城市增添独特笔触的地方，她所探访的其他唐人街也验证了这一点。"每个城市都有自己的特质，每个城市的唐人街也有自己的特质，"她若有所思地说，"但它同时也承载着城市的特质。尽管它由中国人或亚洲人运转，但无论它在哪里，它都会反映出那个城市的样子。"

她说她认为我到拉斯维加斯来看看是件好事。她说，大多数人甚至不知道这里有唐人街。

2008年2月，鼠年春节后不久，我和晶晶在她最喜欢的一家小餐馆见面，这家店位于时尚购物中心楼上，可以俯瞰拉斯维加斯大道与春山路交叉口。午后的人群熙熙攘攘，门外的喇叭里大声播放着音乐。她问我有没有参加前几天的中国城新春庆典，她和朋友一起去品尝了街头小吃，在那待了好几个小时。

我确实去了中国城，和将近7000个人一起度过了那个周日。从各方面来看，这是迄今为止最多样化的人群。队伍在停车场周围蜿蜒，包括各式家庭、本地朋克青少年和许多中国游客。我看到一个穿着蓝色丝绸睡衣的非裔小男孩跑来跑去，一个年轻的拉丁裔女孩带着小堂鼓；还看到由中国舞狮、日本太鼓、少林功夫表演者和波利尼西亚舞者组成的表演阵容。我明白了晶晶所说的"中国城是一个大杂烩"。

晶晶所在的华人群体，能明显感觉到新春庆典正在成为当地社区的一部分。"这个庆典活动慢慢传了出去，人们都愿意凑这种热闹，"她说，"中国人在不同的时间、以不同的方式庆祝新年。一些人因此开始了解我们的文化，过春节逐渐成了他们的新传统。在我成长的过程中，赌城大道上可没有那些横幅、灯笼和中国饰品。他们以前对中国的春节没这么感兴趣。"

在拉斯维加斯，除了赌城大道以外，没有其他地方可以步行闲逛——这可能也是活动受到欢迎的一个原因。春节庆典提供了一个难得的机会，让人们体验到接近其他大城市唐人街的街头生活和集市文化，这种体验在拉斯维加斯是十分匮乏的。晶晶说，中国城的社区氛围具有一种吸引力，它复制了其他地方的步行街式体验。在这样的邻里性质活动中，当地人可能会偶遇很多熟人，晶晶就碰到了一个一同参加过选美比赛的女孩。晶晶形容她"人超好，很可爱"，是为数不多的与自己保持友好联络的参赛者之一。我向晶晶询问其他参赛者的现状，得知这位"很可爱"的年轻女孩现在在棕榈赌场的花花公子俱乐部工作。每隔一段时间，晶晶就会在拉斯维加斯的一些场地看到其他前参赛者。其中一位在当地一家嘻哈电台做DJ。大约一年前，晶晶和另一位前参赛女孩在威尼斯人酒店当了一次模特，当时赌场要找亚洲女性扮演艺妓。

我们看着路人漫步而过，他们的脸在阳光和建筑反光下闪闪发亮。晶晶说，她仍不敢相信自己摘得了唐人街小姐的桂冠。和历史上其他选美比赛优胜者的待遇一样，"拉斯维加斯唐人街小姐"的称号给她带来了职业机会。但她困扰于这些比赛对竞争和外表的过分关注，这和她在赌城大道上观察到的生态如出一辙。她告诉我，她已经决定申请研究生院，去攻读古典音乐表演的硕士学位。"现在我能得到一大堆的演出机会，但10年后，他们可能就看烦我了，"她解释说，"我想在音乐上有更多成就，而且不靠脸蛋。"

黄昱祥导演的纪录片《全美唐人街小姐》[8]（*Miss Chinatown,*

*U.S.A.*）于2007年在纽约翠贝卡电影节上首映，片中的参赛者欧文珊对于参加选美也有类似的矛盾。"我是不想参加的。"她在影片中告诉黄昱祥。是她的母亲擅自为她报名了西雅图的比赛。但她最终说服了自己，因为她知道这对她的父母，尤其是她的父亲来说意义重大。其他女孩告诉她，赢得选美比赛，甚至只是获得名次，都能带来许多新的机会，"可能是在拉斯维加斯跳舞，也可能是在银行工作"。但她对自己没什么信心。

"我希望评委们看到的是'我'。"她说，"但在那个晚上，在那样的妆容下，他们看不到。"欧文珊最终赢得了2006年全美唐人街小姐的第四"公主"头衔，但在当晚结束时，她走下颁奖台，发现自己并没有迎来任何身份、事业或家庭方面的启迪。

从阮晶晶的MySpace页面同样可以窥见她在生活中的身份冲突——照片中的她穿着超短裙和渔网袜，在大道的演出上挥舞一把紫色的电小提琴。她的主页上写道："如果你认为自己很性感，请加我！"这些表现似乎在营造一个年轻、时髦、拉斯维加斯女郎式的演出者形象。然而，她上传的三段音乐录音，则是她在演奏圣桑的《引子与回旋随想曲》，巴托克（Béla Bartók）的《第5号弦乐四重奏》和勃拉姆斯的《第2号弦乐四重奏》——乐曲非常动听，很显然这是一位严肃而专业的小提琴家。

在2002年拉斯维加斯唐人街小姐选美中，当地小女孩组成的歌舞团为观众表演了传统中国舞蹈，她们中的许多人后来成了晶晶的学生。这些女孩现在都已进入中学。"她们的父母在选美比赛中看到了我，所以把她们送来跟我学小提琴。这也是她们愿意上课的主要原因，每个小女孩都梦想长大成为选美皇后。"晶晶家里有一张照片，是她的一个学生在她获胜当天向她献花。

她的MySpace页面上有链接直达她学生的主页。她注意到，在他们的个人资料中，即使是中美混血的孩子也自称是亚洲人。她赞许地说："他们有很强的亚洲自豪感。"就像中学时的她在中国城的启发下努力找寻身份和文化认同一样，新一代的孩子们也正在探索自我接纳的方式。虽然他们不再有唐人街小姐的陪伴，但唐人街一直都在。

几年前，中国政府宣布要在北京建立一个博物馆[9]，以记录全球华人的侨居情况（中国华侨历史博物馆，已于2014年建成，位于北京市东城区东直门北小街）。到2006年，它已经从世界各地收集了上万件文物，包括来自旧金山和纽约华人社区的重要物品。据当时统计，约有3000万华人目前侨居海外。在接受《圣何塞信使报》采访时，时任中国驻旧金山总领馆的文化参赞阎世训说："让祖国知晓我们在其他土地上的作为是很重要的，让本土中国人了解海外华人的历史也很重要。"

在当地捐赠的物品中，有一件红色的丝绸旗袍，那是吴贝蒂

（Betty Ng）在1957年摘得旧金山唐人街小姐桂冠时穿的。未来有一天，在那个即将建成的北京博物馆里，也许会有年轻的初中女生看到这件旗袍，然后思索当选美国华裔选美皇后是怎样一种体验。

在发牌学校练习花旗骰

图片来源: 徐灵凤

第 15 章

# 新租户

## 赌城大道上的新一代移民

在中国城商场以西几个红绿灯处，新的美国梦正孕育在都城发牌学院的毡制骰子桌和牌九扑克台上。这是由大卫·吴经营的一家私人发牌学校。在拉斯维加斯，大约有七家发牌培训学校[1]，其中两家是中国人开的。吴先生曾是米高梅梦幻酒店的贵宾客户经理。2007年年底，他接管了一所发牌学校，将其搬至位于春山路和红石街拐角的一座新楼并调整了形象定位。6月月底烈日炎炎的一天，我造访了这间宽敞而冷气十足的学校，熟悉了各种流行的赌场游戏——花旗骰、扑克、轮盘赌、21点、牌九扑克——以及那些渴望以发牌为生的人。

对于工人阶级的中国移民来说，过去的幸运大奖可能是在加州挖到金矿，而在今天，在赌场当上发牌员就是他们的人生巅峰。对于那些没有受过多少教育的人来说，发牌意味着赚钱——工资本身不算多，但是赢了钱的顾客会给发牌员丰厚的小费——还意味着福利，以及比传统的餐厨或清洁工作小得多的工作量。这些新移民来自中国各地，包括北上广这样的大城市及其市郊。像21岁的斯蒂芬·陈一样，他们把发牌员的工作视为步入美国大门的一种途径。这可能并不是他们真正的人生理想——"如果有机会的话，我想当一名医生。"斯蒂芬告诉我。但发牌只需稍加训练就能上手，是一个更速成的选择。

新手决定进入赌博界的速度之快令人震惊。我到达学校的那天早上，一位年轻的中国妇女站在靠近门口的牌九扑克桌前，笨拙地从她左手边的牌堆里下牌。她羞涩地看着我，说了声"Hello"，迟疑的样子仿佛不太熟悉这个单词。我用英语问她来拉斯维加斯多久了，她摇了摇头回答："啊，不会英语。"我用粤语重复了一遍问题，她笑了出来。

"到今晚就第三天了。"她自豪地回答。她的嫂子已经在拉斯维加斯做了将近20年发牌员，最近她和两个朋友在嫂子的介绍下，一起从台山过来，开始接受培训。

这些新手的"教母"是帕梅拉·万高汀（Pamela Wine-

Gaulding），都城学校的教育主任。她是一个外向的金发女郎，说话慢条斯理，为人温和有耐心。她本人在拉斯维加斯湖畔的丽思卡尔顿酒店兼职发牌，她认为发牌员的就业空间十分灵活，就像调酒师和木工一样，任何地方都需要。大多数学员来到这里是为了摆脱家政和餐馆的工作，偶尔也会有希望换种活法的硅谷高才生或生意人。"这是最简单的高薪工作。"万高汀边说边带我参观这个地方。算上小费，一个全职发牌员的年薪范围在2万美元至12万美元。

课程一般用英语讲授，但由于许多教员也讲粤语和普通话，加上大多数学员都是移民，所以大开间教室传出的声音里什么语言都有。菲律宾人、中国人、埃塞俄比亚人各自说着方言，花旗骰桌前时不时爆出"压！"和"七，七，七，推！"的喊声，堆筹码和掷骰子的咔啦声此起彼伏。后来，我旁听了学校的牌九顾问鲍思高·杨为一帮学生演示牌九游戏。这堂课完全是用粤语讲的。

尽管有语言障碍（她不会说中文，只会一些零星的单词），但万高汀与中国学生相处得很融洽，对他们照顾有加。"我对中国有感情，因为我的前夫就是中国人。"她解释说。在练习时间里，她会和学员们聊聊近况，了解他们的故事。万高汀介绍我与斯蒂芬·陈认识，他是一个戴着眼镜的瘦瘦的男孩，于2005年随家人从广州搬到拉斯维加斯。

陈家人就住在中国城附近。刚到时，斯蒂芬完全不懂英语。他在南内华达学院上了两年的ESL（English as a Second Language，英语作为第二语言）课程，然后在发牌学校报了花旗骰和21点的课程。三个月前，他开始在科特斯酒店担任全职花旗骰发牌员，这是市区一家年头悠久的赌场酒店，是新手发牌员的"见习"场所。我和他坐在轮盘赌桌前——他正在学习这个游戏，提升自己的"专业技能"，以便跳槽到薪水更高的赌场去工作——另一名学员转动着轮盘，我们用模拟赌注陪他练习。看着珠子被弹出，滚动着寻找落脚点，我问他到目前为止工作进展如何。

他说："还不错。"然后停顿了一下，思考着该说什么。于是我让他讲讲他工作的酒店，他和万高汀笑了起来。

"怎么说呢……就是和百乐宫完全相反吧。"万高汀说。她说的是乔治·克鲁尼和布拉德·皮特主演的电影《十一罗汉》中那个豪华赌场酒店。"客户群很不一样，你懂吧……他应该学到了不少，正在进阶成一个厉害的发牌员。"我们同时看向斯蒂芬，他的表情喜忧参半。

赌场的工作是一天三班倒：白班（一般是上午11点到晚7点），中班（晚7点到凌晨3点），夜班（凌晨3点到上午11点）。各个赌场的具体钟点可能略有不同，但轮班模式是一样的。斯蒂芬在科特斯上的是中班。这天他还没睡过觉，他要先在学校练习两小时左右再回家。"这份工作好不好，取决于你在的赌场。

小赌场不太行，大赌场会好一点儿，"他告诉我，一边摆弄着他的筹码，"要换到另一家赌场，就得学更多玩法，并且练习练习再练习……要很厉害才行。"

花旗骰是他最喜欢的游戏。"这是最刺激的，很多人玩，节奏又快，输赢就在一瞬间。"他指了指房间另一边的三张骰子桌，其他学员正在那里练习。他有一些朋友很喜欢赌场的工作，但他不确定这是自己最终的归宿。

"其实是这样子的，"他说起粤语，"很多人过来以后不知道该做什么，就当了发牌员，这个工作更适合那些人。对我来说，这只是暂时的过渡。"他又换回英语说，"我的梦想是成为律师或医生。但是……"他重重地叹了口气，"我的英语太差了。"

在广州，斯蒂芬的父亲是一名高级技工，来到拉斯维加斯之后，他在一家餐馆打工。"他完全不会英语，只能在那儿工作。"斯蒂芬告诉我。他很清楚语言在美国的重要性，大部分不懂英语的人能做的除了餐厨就是家政。因此他并不抱怨每日在赌场和学校之间往返的劳顿——另一种生活只会比这更辛苦。

大多数赌场采用人工照明，室内不设时钟，而赌城学校有着采光充足的落地窗，还挂着一个写有"幸运女神赌场"的时钟。但除此之外，大卫·吴试图用赌场的地毯、音乐和平板电视来复现真实的工作场景。赌桌上印着它们曾经所在的酒店标志：巴黎酒店、内华达皇宫。几个月后，学校将扩建至隔壁的空间。

没有谁比大卫·吴更熟悉当代中国移民在拉斯维加斯的命运起伏。20世纪80年代初，他和父母从香港搬到了洛杉矶的唐人街，他的祖母已经在那里生活了至少15年。大卫将这一经历描述为"文化冲击"。那时他还是个十几岁的孩子，一天班也没上过，就立刻被安排到唐人街一个亲戚的餐馆里打杂。六个月后，父亲在拉斯维加斯找到一份工作，他又跟着去了拉斯维加斯。"我爸在唐人街的超市遇到一个叫吉米的人，他在拉斯维加斯开杂货店，每周开着卡车到洛杉矶来进货。"大卫告诉我。那时，中国人口还非常少。"拉斯维加斯的华人基本上都会去吉米店里买中国货。这个人叫我爸去给他上班，于是我们就搬到了拉斯维加斯。"他们一家搬到了赌城大道东边几公里的山谷高中隔壁，大卫后来就从那里毕业。

可以说，大卫的入行之路是从中餐馆开始的。如果没有最初在中餐馆的工作，他就不会进入赌场。他在凯撒宫的中餐厅工作了五年，又在美高梅大酒店的中餐厅做了五年经理。在美高梅，他结识了许多中国高端常客。一天，酒店赌场里负责亚洲营销的副总裁给他打电话，说自己要转到旗下的梦幻酒店，希望他能跟着一起走。

"她跟我说：'大卫，你在餐厅接待中国顾客很久了，所有的人你几乎都认识。有没有兴趣和我一起去做国际市场？'我发现营销和餐厅招待是相通的——就是在顾客来之前把一切准备好。"就这样，大卫不仅和本地的华人社群相熟，也和来往的中国游客关系密切。不过有时，就像陈之诚的故事里那样，社区的边界模糊不清，游客也会成为当地人。

亚洲赌博市场在拉斯维加斯的增长是随着亚洲经济的繁荣而出现的。这股豪赌之风从中国香港开始，经过南亚、中国台湾和日本等地区，最后刮到中国内地。随着经济的蓬勃发展，去往拉斯维加斯的人流也在增加，赌场也注意到了这一点。

大卫是一个40多岁的时髦男人，留着蓬松的长发，戴着红框眼镜。在发牌学校里，他总是穿着T恤、牛仔裤和人字拖。万高汀认识大卫和他的妻子已经很多年，她说他现在不修边幅的外表是对过去西装革履服务中国大款的一种反叛。我问大卫，以前的工作每天需要做什么，他笑了。

"你去饭店吃饭，就是坐下来，然后点菜，对吧？作为服务员，就是确保餐品及时上桌，正确无误，服务周到。接待赌场的客户也是一样：你去机场接他们，你和他们一起坐私人飞机，你带他们去高尔夫球场。我讨厌高尔夫，但如果客户要求的话我也得陪玩。有时要留意一些特殊的事情：比如这个人不喜欢吃某种食物，他有糖尿病，不能吃糖，你就要另外安排客房服务。很烦琐的。由于语言不通，有时你还得和他们一起去购物。"他说，最可笑的经历是有一次去商场，一个中国客户要他和精品店老板砍价：6 000

美元的高档衬衫和休闲裤，只想掏3000美元。"我真的很不想和人家对半砍价。但这是工作，并且这样做有用——你满足他们，让他们高兴花钱，他们就会再来。"

现在，大卫不再直接接触赌场客户，而是向人传授赌桌上的正确举止。他会说普通话和粤语，能和大部分学员无碍交流。在中国学员中，有些人像他一样从洛杉矶辗转至此，但越来越多的人是直接从中国过来。许多人是通过中文报纸，或通过朋友的口耳相传找到这间学校。

大卫的发牌学校大约有300名注册学员，但他们并不同时上课。每天约有四五十名学员根据自己的日程随时来到学校。课程安排在中午到下午6点之间，课前和课后各有两小时的自由练习时间。教员都是经验丰富的在职发牌员，51岁的查科·杨就是其中之一，他在学校教花旗骰。

查科是一个精力十足的老手，1972年从中国台湾来到拉斯维加斯；1978年从拉斯维加斯发牌学校毕业。我在花旗骰桌边坐下，他向我解释，每个赌台上会配备四个职位：执棒人（stickman），负责宣布掷骰和用长棍收骰；二垒（second base）和三垒（third base），负责收集和支付各方的赌注；替补（relief），在旁休息等待轮岗（团队中的每个发牌员每轮工作共一小时，以20分钟为单位轮换每个职位）；还有一个箱长（boxman），负责监督整场游戏。查科此时正在担任箱长，他看着一个名叫伊莱恩的年轻女学员取回骰子，并向桌边的一个玩家付赌款。"哎，哎，注意，这是一个坏习惯，"他摇了摇头，和蔼地提醒道，"记住了，执棒人不能付钱给玩家，庄家才可以。明天你去面试，千万别碰钱啊！"受到教训，伊莱恩捂着嘴笑了。查科告诉我，伊莱恩明天要去参加她的第一次面试，就在他担任主管的赌场里。盛夏的游客较少，是赌场招聘的淡季。但如果运气好的话，她会有不错的结果，还能结识一些人脉。

查科在大卫·吴的邀请下来到学校任教，两人是多年的朋友。"我过来以后，发现百分之七八十的学生都是中国人，"他说着，目光没有离开正在桌前练习的学员，"刚到美国的人，在这里学会轻松点儿，因为我们会讲他们的语言。但我们还是建议他们也上一些英语课，起码要学会和顾客沟通。"他补充说，赌场方面最近在招聘时也提高了语言要求。

查科·杨说，当初他搬到拉斯维加斯时，英语特别差。现在他的英语说得很快，虽然有很重的口音，但很流利。"很多人不敢开口，因为他们怕讲错了被人笑话，"他说，"我就告诉他们，我以前也是这样，刚开始说的很多词都是错的。但别人其实会帮忙纠正你，这是个学习的过程。真的不要害怕，就算说错了又会怎样？"他耸了耸肩，"你要提醒自己，你到美国了，你已经不在中国了。"

内华达州向来亚裔人口增速最快[2]，在21世纪，内华达的华人群体变得越发壮大。拉斯维加斯大道上不断冒出的新酒店和新赌场为新移民创造了大量岗位。沿着中国城的商业街，停车场里错落着破旧的面包车和福特皮卡，以及耗油的悍马H2和银光闪闪的雷克萨斯敞篷车——这隐喻着美国华人的当代现实。新一代移民分布在经济光谱的两端：富人和穷人，游客和居民，土豪和蓝领。

与此同时，精英阶层也在通过酒店管理项目或商业实习机会进入赌场工作。大卫·吴在梦幻酒店的前同事尼基·邱，现在是豪华高端赌场永利（Wynn）的远东市场贵宾客户经理。她第一次来到拉斯维加斯是在20世纪90年代初，到内华达大学拉斯维加斯分校读酒店管理研究生。"我小的时候，父母经常在暑假带我到台湾各地旅行。"邱女士40多岁，头发间有红色的挑染，个性十分开朗。她的个人经历令她感到"旅行就应该是快乐的"，她将这种理念带到了拉斯维加斯。她笑着说："当然，现实中它并不总是快乐的。但这种想法就是我的动力。"如今，她的工作就是让客户高兴。

一天早上，我和尼基在永利酒店的百家乐休息室里碰面。这是一个吊灯照明的舒适房间，提供品种丰富的中式自助早餐，包括饺子、热豆浆、传统米粥、油条和皮蛋。薄薄的布帘另一边就是游戏大厅。我们经过几位微笑的服务生和一个标着"非请勿入"的牌子，她说："这个房间主要是为豪客准备的。"

尼基在2001年离开了拉斯维加斯，2005年永利开业，她再次回到这里。短短几年间，拉斯维加斯中国人口的增长让她震惊。"现在我们把整个春山路都叫作唐人街。"她告诉我。对当地人来说，"唐人街"的范围已经超出了中国城商场，一直延伸到往西的几公里。如今，比起最初的中国城商场，尼基更喜欢光顾像顶好超市这样的台湾大型连锁。如果要吃面，她和家人会去义美冠军台湾小吃（Champion）；如果要吃糕点，她会去莱斯利西饼。"这些地方更有家乡的味道。它们的老板和经理都来自台湾，会有我熟悉和喜欢吃的东西。"

这些连锁店的出现表明了人口构成的变化：更多来自中国各地包括香港和台湾的文化程度更高和家境更富裕的移民。他们携家带口而来，把孩子送进春山路的中文学校。尼基认为，受教育程度的不同是拉斯维加斯新旧唐人街居民之间的主要区别。

"现在不像上百年前，中国人只是来当铁道工人或者是去挖金矿。"尼基这样说，"现在的中国人是过来上学的，就像我一样，我是来读学位的，最后留了下来。只要解决了语言问题，你就可以到处走动，你想住在哪儿都可以，不必囿于唐人街。这是我看到的最大的区别。"

尼基在赌场的客户大多是生意人，从事制造业和房地产投资。他们来自中国台湾、中国香港和中国内地（通常从北上广等大城市飞来，因为某些省份和职业的人更容易获得赴美签证）。"人们现在太有钱了，生活质量比从前高太多了。"她这样描述中国腾飞的经济。在过去10年中[3]，中国的都市中产阶级逐渐形成规模，约达到1.5亿人。2004年，百万富翁的数量为23.6万[4]，还在继续飙升。

尼基告诉我，中国客户之所以有别于其他客户群体，不是因为他们的数量之多，而是因为他们的手笔之大，这也使得他们的地位举足轻重。

尼基谈到她的中国客户时说："他们来这里会感觉很自在很放心，中国人不喜欢意外，他们知道我们会确保一切都是最好的安排。"

不同阶层的中国人在拉斯维加斯的各行各业淘金，唐人街社区也在稳步发展，并悄悄地发生着变化。在这个小镇上，一座购物中心可以在三个月内建成，一栋公寓楼转眼间就从沙漠中拔地而起，唐人街早已不再只是为游客服务的一系列亚洲主题商业机构。尽管起初显得不太可能，但拉斯维加斯唐人街确实开始展现出了住宅功能。

与传统的唐人街一样，这个唐人街地带的住宅和公寓吸引了英语能力有限的新移民。太平洋亚洲商业广场的一个布告栏里贴满了租房广告，靠近唐人街是它们共同的宣传点。其中一张传单写道："中国城大华超市后，联排出租。"每月只要花850美元，你就可以拥有一个1200平方英尺（约111.5平方米）的两居室房子，附带私人车位和泳池，更有一个多语言房东："房东会说粤语、普通话和英语。"许多广告都是用中文写的，一些还会标明只租中国人。

拉斯维加斯唐人街的完善，使许多新移民不再需要讲英语。就像其他老唐人街一样，这是他们的安乐乡。杰弗瑞·薛是赌城学校的一名学生，他在离中国城五分钟路程的地方租了一间房子。他说他认识很多移民，对他们来说，住在中国城最好的一点就是语言畅通。"你在那里不会听到任何英语，大家只说中文。每个人都知道这一点。"

杰弗瑞曾经从事保健食品行业，六个月前从台湾搬到了拉斯维加斯。他一边在发牌学校上课，一边兼职，在洛杉矶和拉斯维加斯唐人街的一家餐馆之间运送食材。带他入行的是他姐姐的朋友，该朋友在美高梅大酒店已经做了很久的发牌员。作为一个游戏和数学爱好者，薛认为他可以胜任这项工作。他的目标是在来年他女儿到加州读研之前成为一名全职发牌员。学校已经成为他的社交中心，他在这里交了很多朋友，其中许多是中国人，但也有一些是美国人。他和同学们会在课后一起去吃饭，然后再去赌场，不是为了赌博，而是为了观摩学习。

一部分会讲英语的年轻华人也在唐人街为他们不会英语的父母租房子住。在中国城商场、丰恒广场和春山路沿街的其他商业建筑背后，隐藏着红色砖瓦的公寓楼群和带庭院与车库的灰色二层楼房。"一些老人家住在那里，走路就可以到唐人街，因为他们没有驾照，不能开车。然而他们的孩子都说着流利的英语。"尼基说，"这里还是新老一代混杂居住的，这一点和传统的唐人街很相似。孩子们平时忙于工作，到了周末或假期，就会载上父母去吃饭、逛街或参观大道。但在工作日，父母们学会了自得其乐。"

将拉斯维加斯的新型华人社区与旧金山、纽约、洛杉矶和檀香山的"老字号"唐人街放在一起看，你会发现传统唐人街和新派唐人街的共通之处。由于传统唐人街承载的是人们长久的"生活"，"唐人街"这个概念被赋予了沉甸甸的分量。但随着时间推移，传统唐人街也在朝着相反的方向发展，变得越来越商业化。传统唐人街的商户和居民们越来越珍视自己的民族身份，并深知这对他们的持续发展非常重要。他们成立了邻里和商业协会，讨论城市化的问题以及如何提高商业利润和人流量；他们举办市集、文化节、夜市等活动，积极利用唐人街这个概念变现。

长久以来，唐人街都在迎合美国人对"中国风"的口味。拉斯维加斯是贩卖文化的典型代表，这里的唐人街无疑是一种商业产品，但在更多方面，它已经和传统的美国唐人街很像了。对生活在拉斯维加斯的各个阶层的中国移民来说，唐人街占有重要地位。我们谈到过的所有唐人街，都在迎合美国人爱好的同时，也满足中国移民的实际需求。唐人街的物理空间本身就是跨文化协商的产物，这种协商还将继续在这里发生。唐人街的文化混杂性让外部凝视者看到他们所期待的——宗族关系、仿宝塔屋顶、东方物什等；也满足内在体验者的需求，为他们提供一个文化舒适、住房低廉、经商贸易的地方。这些唐人街的生命力和可持续发展取决于它们的完整性和它们与美国社会的关系。唐人街的概念一直存在，因为美国需要它。它记载着美国华人的辛酸和骄傲。

尼基观察到，拉斯维加斯的唐人街虽然新，但并不代表它不重要。"现在的华人同胞数量庞大，看看唐人街就知道中国人的发展状况，"而这发展的速度令她惊讶，"大多数人在赌场工作，甚至还有中国人经营的发牌学校。"

那是下午3点，在都城学校的扑克教室里，两位教员和四位受训的发牌员叫我一起玩德州扑克。我说我不玩扑克，但讲师、威尼斯人酒店资深发牌员安妮·林说服了我，"为了帮助同学"，我和他们一起在桌子上练习。由于技艺不精，我面前的筹码很快输光了。但这场游戏让我再一次有机会鸟瞰这个集体。当林耐心地发牌时，三个座位旁的一个中国学生为她的朋友翻译了游戏规则；有人分享了一个热门八卦——学校的一名毕业生获得了令人羡慕的工作，在世界扑克大赛中担任发牌员；大家热情推荐唐人街的餐馆，约着课后见面。这里的每个人都互相教导，互相学习，互相帮助。我想，唐人街可能是拉斯维加斯最真实的社区，部分原因是因为它超越了它所处的地理环境。社区里的人有共同的价值观、习俗和利益，自给自足。某种程度上，拉斯维加斯的唐人街承载着在它之前所有唐人街的重量，它的重心吸引着新移民、华人游客甚至非华人。如果这还不算一个社区，那什么才算呢？

# 后　记
## 流动中的画卷

　　在1897年的短篇小说《第三圈》[1]中，作家弗兰克·诺里斯（Frank Norris）留下了描写唐人街的名句：唐人街可以分成三部分，导游让你看的部分，导游没让你看的部分，以及从来没人见过的部分。在唐人街刚刚形成的时期，美国人对"大隐于市"的唐人街的迷恋就很直白。我不相信唐人街里人人有秘密的说法，但我希望本书中多代唐人街居民的讲述，能为读者开辟一个更广阔的新视野。

　　我们的讲述可以赋予此地力量。一直以来，"唐人街"都是另一个世界的代名词。然而，这个世界究竟是怎样，取决于我们看到什么，以及我们看得多深。唐人街是异邦人的领地，里面住着神秘的中国人；唐人街是"侠盗"的温床，做《侠盗猎车手：唐人街战争》的布景再合适不过……是居民们对自己生活的讲述，把唐人街从这种叙事中解放出来。唐人街居民不是危险的、异域的、肮脏的、拥挤的，或者一直是"他者"，在他们的讲述里，这些标签变成了更复杂、更有建设性的名词：工人阶级和士绅化、孤立和关系网络、扩张与收缩、游客与本地人，以及中国和美国。

事实上，唐人街是一个自我创造之地。最老的中国移民——包括但不限于在纽约、旧金山、洛杉矶、檀香山这些港口城市登陆的移民——必须打造一个能让白人社会接受的聚居区。如今，新移民络绎不绝地赴美开展新生活，为了寻求文化认同，一代又一代的华裔又回到了唐人街。

美国神话的底色是一件百家衣。尽管它并不总是能接受差异，但直到今天，美国仍然是由移民建立的国家。美国国本（指由移民建立）和种族主义之间的矛盾让华人觉醒——一种仍在逐步发展的文化自豪感诞生了。唐人街的游客和当地居民，都在文化交换的过程中扮演着角色。移民飞地对于保存文化的真实性至关重要。它让人们记起，美国正是因为多元的族裔而不同。

对我来说，唐人街就像一个指南针，指引着我找到自己在这个国家的归属地。有时候，我会因为自己的华人皮肤而感到不自在，在年纪还小的时候，知道在这个城市里有一个地方，那里都是和我肤色一样的同胞，令我感到莫大的安慰。像洛杉矶的孩子、拉斯维加斯的选美皇后一样，我可以在约翰·谭这样的唐人街年轻人的讲述中找到共鸣。在唐人街地铁站附近，如果有人需要，我可以用粤语指路，我感到特别自豪。成为唐人街中的一员很有意思——可以听懂服务员谈论顾客八卦，也能听到哪家小店的面条最好吃。

波士顿、悉尼、布宜诺斯艾利斯，这些地方的唐人街我都去过，外地的唐人街让我有熟悉的感觉，但又有微妙的不同。在这些地方我是游客，可以清楚地看到本地人和外地人的界限。后来我去中国看望我的父亲——他已经搬回香港，之后又去了北京和广州——我突然醒悟，中国是我家人的故乡。回到曼哈顿居住后，我开始理解，曼哈顿唐人街才是我的那条街。我在那里的生活日常——买吃的、和朋友约午饭、上中文课——都是按我的心意来的。

旅居旧金山，探访旧金山唐人街之后，我对自己华裔身份的认同遇到了最大的挑战。不知为什么，我最困惑的就是这一点。我发现我在自己居住的城市（旧金山）里是个彻头彻尾的局外人，像其他局外人一样，我必须搞个明白。因此才有了这本书。

　　每到一个新城市，本地的唐人街都能为我打开一个新维度。每当我离开唐人街——即使拉斯维加斯唐人街，可能是人们能想到的最人造、最不自然的地方——我都会更加明白，为什么唐人街在今日仍然不可或缺。像诺曼·冯告诉我的一样，唐人街是亚裔的中心。一个半世纪过去了，唐人街仍然是新移民进入美国的第一步，也是美国出生的华裔接触中国传统的第一步。他们的故事是一部叙事史，从他们的讲述中，我们了解了今天的唐人街对华人的意义。向后看，我们可以更好地了解未来。

# 致　谢

如果没有那些慷慨的人敞开心扉，和我分享他们在唐人街的故事，这本书是不可能出版的。很多人听说我想了解他们的生活，都会感到惊讶。生活在此，人们把日常中的困难看得稀松平常，觉得多姿多彩、风起云涌的社区纠葛"没什么特别的"。但同时，人们也看到了在走向更广阔世界的未来，能有这么一个有归属感和认同感的地方是多么可贵。我希望这本书忠实反映了这个有目共睹的事实——我希望它能够真实展现每个唐人街里的现代生活和充满活力的复杂生态，成功地把唐人街居民的叙事史诗带到世界各地。我无法写尽所有故事，但在发掘美国各地唐人街的集体历史时，我看到了他们的坚韧、隐忍和牺牲，我的看法已经和从前不同。

一些人在分享他们的研究、存档和专业知识时尤其慷慨。深深感谢美国华人历史学会的安·成田（Anna Naruta），聚乐家庭资源中心埃里森·李·铃木（Alyson Lee Suzuki）和凯伦·何，中华公所的埃里克·吴，华人职工会的林荣，云吞食品公司的德瑞克·王，邝治中教授，洛杉矶第一华人浸信会的叶垦（Ken Ye）牧师，卡斯特拉小学校长蔡卓，南加州华人历史协会的尤金·梅，洛杉矶唐人街服务中心的丹妮·普拉塞特和詹妮佛·唐，夏威夷华人多元文化博物馆的詹姆斯·何，以及拉斯维加斯内华达大学的张素芳教授。

感谢我的经纪人威廉·克拉克，他从一开始就支持我的想法。感谢伊丽莎白·斯坦，相信这种"当代口述史"的力量。感谢我在Free Press辛勤工作的编辑，安柏·库雷希。

还要特别感谢我亲爱的读者：埃斯特·查克（Esther Chak）、弗朗西斯·邓肯（Frances Duncan）、亚当·费尔希纳（Adam Felchner）、萨拉·霍特林（Sara Houghteling）、彼得·皮霍斯（Peter Pihos）和亚当·贝尔（Adam Baer）。你们明智而周详的反馈意见对我来说比你们想象中还要重要。我还要感谢我的朋友汤姆·戴维森，感谢你在那些马拉松一样的工作日里给予我的情感支持。感谢蒂姆·辛诺特（Tim Sinnott），乐意向我传授地图绘制技巧。

## 致　谢

　　非常感谢我的家人，一如既往地爱我、鼓励我。我妈妈尤其应该获得我最最深切的感谢，她时刻准备为我提供文化和语言援助。谢谢我的丈夫马特，他是我赖以安息的基石。

# 采 访

**再和我们讲讲，你是怎么决定要写这本书的？**

我妈妈的家族在美国的故事是从纽约唐人街开始的。我从小就在唐人街活动：受洗礼、参加婚宴、和家人一起购物、拜访亲戚。星期天，我们会去法拉盛和外公外婆共度周末，那儿也是我的出生地，我们经常一起去曼哈顿唐人街参加活动。这本书是一封给唐人街的情书，也是一份新闻报告，调查了唐人街对各种背景的华人的意义。家里的幸运小饼干让我回忆起外公每天去唐人街上班的路——现在想起来，有点儿像《糖果屋》的剧情。我的童年充满了这样的回忆，随着年龄的增长，我开始思考，只身一人前往唐人街对我来说意味着什么。我猜我只是追随着"童年的面包屑"，它们把我带回了唐人街。

你之前讲到过，你在纽约的唐人街长大，第一次到旧金山唐人街时感到非常惊讶。你觉得为什么每个唐人街都如此独特？它们有什么共同之处吗？

每个城市的唐人街都带有这个城市的风格——你总能看到外部世界的影响，哪怕在唐人街这个联系异常紧密的小社会里也一样。比如说，旧金山的唐人街就在很大程度上受其沿海位置的影响，在"淘金热"和兴建铁路的时代里，在迁往美国西部的第一波大规模移民潮里成了"第一港"。在物理外观上，旧金山唐人街被两个因素重塑：1906年的那场大地震，和一直试图铲除唐人街的种族主义——为了讨好当时的白人政府，唐人街换上了一副吸引游客的假面。旧金山唐人街有厚重的历史感，很早以前就有华人在旧金山落脚；和大多数唐人街一样，受《排华法案》影响，纽约唐人街在20世纪中期人口衰落，但之后随着禁令解除，新一批移民涌入，为急需廉价劳动力的服装产业注入新血液，这段历史奠定了纽约唐人街的气质；拉斯维加斯的唐人街和拉斯维加斯这座城市一样——是人造的，最初只是个购物中心。在唐人街建成后，华人才开始在拉斯维加斯聚居。出于这些原因，拉斯维加斯唐人街是个特例。但在19世纪末和20世纪的大部分时间里，大多数中国移民都来自南方的同一个地区，因此每个人的背景和移民原因都很相似。唐人街的第一拨移民都经历过贫困和战争，他们团结在一起，共同抵御外部世界的种族主义。长期以来，这里一直是新移民的避风港，如今新移民来自中国各地。唐人街也是一个封闭的贫民窟，如果条件允许，人们通常会搬离这里。然而，唐人街对于二代、三代移民，甚至此后的更多代在美国出生的华裔来说，仍然有文化吸引力，唐人街里有些东西值得他们追寻，他们在唐人街的文化根源和历史里找到意义。

从高中校长到选美皇后，再到地产商和幸运饼干厂继承人，你在唐人街寻访了各种各样的人。你觉得唐人街居民有哪些共同的特点？

这很难回答！正如我之前提到的，唐人街的居民是有共同点的。第一代移民住在唐人街是出于无奈，一旦有机会他们就会离开。而第二代移民中的一些人会返回唐人街，有些人觉得住在唐人街内外都可以。但人和人不一样，每个人对唐人街的感觉都不同，有的积极有的消极，但一般是兼而有之。对我来说，有趣的是在人们独特的个人故事中寻找共性。

在这本书里，你提到了艰苦的工作环境、贫困、歧视，还有语言隔阂，但也写到了人们在同一文化下所共享的同胞情谊。你觉得对新移民来说，生活在唐人街是更容易还是更困难？

　　生活在唐人街是另一把双刃剑。一方面，新人会很快融入唐人街，因为这里每个人都会说你的家乡话，很多人和你来自同一个地方——就像我书中写到的一位女性那样，你甚至可以在唐人街遇到在中国的老朋友。从亲朋好友到社区服务，唐人街有一张协助新移民的关系网络。但另一方面，人们一旦进入唐人街就很难再离开，尤其在英语不通的情况下。在唐人街，学英语很有挑战性，英语不通反过来又限制了人们找工作的能力。人们的精力被手上这份底层工作占据得满满的，无暇顾及英语学习，从而更难脱困。这可能是生活在唐人街最难的地方。

　　自本书出版后，书中写到的那些事发生变化了吗？能跟我们讲讲书中人物的近况吗？

　　这本书成书不久之后，金融危机爆发，美国遭受重创。拉斯维加斯首当其冲，从一个遍地就业机会的繁荣城市变成了法拍房"集中营"。在这种背景下，拉斯维加斯变得越来越亚洲化，亚裔社区逐步扩张，比之前更有凝聚力。亚洲超市和亚洲公司变多了，扩展了唐人街的边界。2009年，我在内华达大学拉斯维加斯分校演讲时，遇到了唐人街社区成员，他们聚在一起，为大学生举办亚洲领导力会议，用强得惊人的人脉帮学生们引荐更好的发展机会。经济衰退对唐人街的一些居民来说无疑是沉重的打击，公司企业都在挣扎着维持生计。但在每个城市，唐人街都在积极自救。

　　读者们会对书中人物的命运有回应，会要求我再多讲讲他们的故事。胡垣坤最近在写一本讲萨克拉门托华人历史的新书：《广东印记：萨克拉门托的中国遗存》（*Canton Footprints: Sacramento's Chinese Legacy*），他还出版了自己多年前的开创性作品《旧金山唐人街建筑》的新版本。罗莎·王谢现在是旧金山大学亚太研究专业的研究生，她参与了中国文化中心的"寻根"计划，将要前往中国进行为期一年的考察，追溯她的家族谱系，重回父母的故土。最近我还在朴次茅斯广场偶遇了陈太太和她的儿子们，发现他们一家人说英语比以前更自如了。在华人职工会，冯洁和江凤英仍在密切合作，为纽约的工人争取公平的工资和更安全的工作条件。她们最近主要关注美甲行业，美甲店长期游离在纽约监管之外，工人们缺乏发声渠道。约翰·谭最近参与了针对"9·11"事件急救人员的援助计划，他在里面当志愿者，同时还在拍摄纽约市中心的搏击俱乐部。德瑞克·王仍然是云吞食品的销售和营销副总裁，这家公司的业务一直很稳定（尽管经济起起落落，面条和幸运小饼干的销量似乎没受影响）。在洛杉矶，汤姆·冯还在举办水彩画工作坊，在世界各地展出他的作品。作为2012届新生，安妮·梁进入了加利福尼亚大学伯克利分校。蔡卓仍然在卡斯特拉小学当校长，邓妍君的烫伤已经痊愈，现在正在上五年级。檀香山，艺术家陈丰（在越南拼音里写作Phuong Tran）和他努阿努大道上的画廊一切都好。唐人街是个小世界，有时候人们会认出书里的人：一位出生在檀香山、现居旧金山的朋友上周告诉我，她在书中看到了林伯和陈丰的照片，林伯是她前男友的祖父，她曾经给他们家在唐人街开的小店帮过忙。我特别喜欢这种巧合。格伦·褚的餐厅Indigo是总统巴拉克·奥巴马（以及当地的男孩子们）最喜欢的餐厅之一，在当地享有盛誉。格蕾丝·谭从夏威夷大学马诺阿分校毕业，现在是一名儿童语言技能培训师。陈之诚今年带着孩子去了上海，他希望孩子们能感受中国的"怪物能量"[1]，了解中国对他们的未来可能产生的影响（据中国驻旧金山总领馆总领事高占生曾估算，到2010年，拉斯维加斯的中国游客人数将会增加30%～50%）。阮晶晶去年和碧昂斯、泰勒·斯威夫特、史摩基·罗宾逊同台演出，除此之外，她还做兼职伴奏，每周担任20名学生的音乐教师。最后，斯蒂芬·陈还在科特斯酒店工作，他最近带了几个赌场的朋友到都城发牌学院学习花旗骰。发牌学校已经搬进了一个全新的、现代化的空间里，学校现在有190名学生，而且还在不断增加。

---

[1] Monster energy，也是美国流行的一种功能饮料。——译者注

**读者对这本书反响如何？有哪些反应是你意料之中的，哪些是你意料之外的？**

读者的反馈深深地打动了我。一名来自得克萨斯州舒格兰市的工程师寄给了我他写的唐人街主题的诗歌，一位俄亥俄州的女士写给我她自己的故事，她家在克利夫兰的小唐人街里经营一家面条店，一家人住在店铺楼上。在旧金山的一家书店里，一位年轻妈妈告诉我她要为她四岁的女儿买一本，她请我在书上面签名并写下赠言，为了"在我女儿长大后提醒她，中国人的身份是多么重要，多么有意义"。在纽约的一场书店活动上，一位在唐人街摆也街（Bayard St）住了一辈子的女士手里紧攥着一份中文剪报，上面是有关她的藏书的报道。能和我讲讲在唐人街生活的故事，能有人听她的回忆，她感到非常激动。一些读者甚至写信告诉我，他们的家人和我外公在且林士果广场的同一家幸运饼干厂里工作过！回信的不只是华裔读者——一位名叫巴迪·贝利（Baddy Bailey）的男士写信讲述了他作为"白人"在旧金山唐人街杰克逊街长大的独特经历："小时候，我从未真正离开过唐人街。我在全亚裔的小学、初中和高中念书，17岁之前没有任何非亚裔的朋友。"时至今日，贝利还是能说一口完美的粤语："有趣的是，身为一个'鬼佬'，大多数中国人都以为我来自香港！"

一些读者问，为什么有的唐人街我没有写到，或者问我是如何选出了书中的这五个唐人街。写这本书时，我需要在故事的深度和广度之间掌握微妙的平衡，面对在众多的人物和故事里做取舍的挑战。这是每个记者都会遇到的问题：选择哪个代表性人物的故事来讲述宏大叙事，又要将哪个人物排除在叙事之外。在挑选素材时，这个问题会一次又一次地出现。我选择了五条唐人街作为讲述的主体——四个历史最长的，加上一个新案例（拉斯维加斯）——并用这种方法来构建叙事。其他人可能会用不同的方法，但我的这个方法也在展现一系列生活体验上行之有效。为了让叙述更深入、更广泛，我还在继续收集唐人街故事，并发表在本书当时的配套网站www.americanchinatown.com[①]上。

**你书中写到的那些角色有没有告诉过你，唐人街对他们的意义是什么？**

唐人街是各种平凡的事物：家庭、工作、学校、购物、吃饭、闲逛。唐人街是日常生活。但同时，唐人街也有更宏大的意味，不管是对个人来说，还是在更大的社会层面上——社区、亲属关系、生存、移民经受的苦难。唐人街是美国历史上一直如影随形的种族主义的残余，是美国今日多元民族画卷的例证。唐人街因此而与众不同。

---

① 　此网站现已不可使用。——译者注

**这本书获得了不少中文世界的评论，这些评论和英文评论有什么不同之处？**

我觉得比起这本书本身，中文评论更关注我个人的履历和故事。中国记者问了我很多有关我家庭的问题，问他们什么时候来的美国，问是什么促成我写这本书。他们对整件事有私人的兴趣，因为这本书的内容和他们自身的经历息息相关。但这并不是说美国记者就不问——我与来自奥克兰唐人街的记者威廉·黄（William Wong）建立了友好关系，他为《旧金山纪事报》写了书评，出席了我的一场读书会。他很高兴能有机会和我面对面，一起谈论我们对唐人街的痴迷、谈论唐人街在我们的身份认同中起的作用。我对此非常感激。

**你说唐人街是"自我创造之地"，你认为在接下来的几年里唐人街会如何再创造？你觉得唐人街未来会如何发展？**

自我营销可能是接下来唐人街发展的重点：我们要怎么对外宣传才能生存得更好？唐人街社区和商会越来越多地讨论士绅化：他们想打响唐人街这块招牌，通过一系列集市、节日、夜市和其他活动来吸引游客。在成立之初，满足美国人对中国的幻想是唐人街得以在美国存续的关键。唐人街高昂的租金迫使新移民离开，问题仍然没得到解决：如果新移民不再是唐人街肌理的一部分，那它还能继续存在吗？如果一直在那里生活的人们都离开了，别人还有什么理由去呢？现在为当地居民提供服务的很多场所——餐馆、农产品市场、面包店和公园——都为唐人街增添了活力和独特性，吸引着一代又一代人。随着居民的迁出，一个生机勃勃的社区面临着变成一具只有装饰性外表的空壳的风险。

想要回答唐人街走向何方，我觉得必须要看看中国走向何方。中国将继续成为超级大国。2009年年底，中国达到了一个纪录：中国人购买的汽车数量有史以来第一次超过了美国。中国在其他零售业的消费也在快速超过美国，美国仍深陷经济衰退，但中国的引擎似乎转得更快了。唐人街的传统人口是贫困的工人阶级移民，受教育程度有限，几乎不会说英语，在中国没有太大的成功机会，又在唐人街有亲戚。如果移民们的生活水平大幅提升，以至于他们不再需要通过唐人街到美国来寻找财富，那么唐人街就会开始丧失活力和特色。但有一点可以确定，尽管中国经济和社会发展迅速，但唐人街的移民在未来许多年里仍将继续存在。

**你的下一本书打算写什么？**

我想写点儿跟以前完全不同的东西。我想写和冲浪有关的故事。我是个"海的女儿"，我很享受冲浪。但想写成一本书还是得先积累素材，你说是吗？

# 参考文献

## 前 言

1. *the Chinese even outnumbered Caucasians in the islands*: In 1884, there were 18,254 Chinese in Hawaii, 9,967 Portuguese, and 6,612 "Other Caucasian." For a table of Hawaii's population by ancestry between 1853 and 1940, see William C. Smith, "Minority Groups in Hawaii," *Annals of the American Academy of Political and Social Science*, 223, Minority Peoples in a Nation at War (September 1942), p. 38.

## 第1章 美国佛塔 旅游建筑的背后

1. *The Oldest*: By 1852, the dramatic rise in immigration following the Gold Rush had resulted in a population of about 25,000 Chinese in California; the city of San Francisco experienced explosive growth in this period, including the formation of the oldest Chinatown around Portsmouth Square. See Library of Congress, *The Chinese in California, 1850–1925*, American Memory Collection (http://memory.loc.gov); and Peter Kwong and Dusanka Miscevic, *Chinese America: The Untold Story of America's Oldest New Community* (New York: The New Press, 2005), p. 45. By 1854, the first Chinese-language newspaper was published by William Howard to serve the Chinese community; see "The Founding of Golden *Hills' News* (1854)," *Chinese American Voices: From the Gold Rush to the Present*, ed. Judy Yung, Gordon H. Chang, and Him Mark Lai (Berkeley: University of California Press, 2006), p. 13.

2. *a gift from Taiwan—but in 1969*: According to Anna Naruta and Judy Hu, Chinese Historical Society of America.

3. *"veritable fairy palaces"*: Look Tin Eli, a rich San Francisco merchant and founder of the Bank of Canton, is credited with creating an Oriental city of "veritable fairy palaces." See Philip P. Choy, "The Architecture of San Francisco Chinatown," *Chinese America:History*

*and Perspectives* 1990, vol. 4, p. 49; Look Tin Eli, "Our Oriental City," *San Francisco: The Metropolis of the West* (San Francisco: Western Press Association, 1910); and Mae M. Ngai, "How Chinatown rose from the ashes," *International Herald Tribune*, April 18, 2006.

4. *"Keep Grant Ave Narrow, Dirty, and Quaint"*: For documentary photos of Chinatown's first demonstrations in 1968, see Judy Yung, *San Francisco's Chinatown* (San Francisco: Arcadia Publishing, 2006), p. 98.

5. *"eight hundred sons"*: See Christopher Rand, "A Reporter at Large: Aspects of a Meeting Place-I," *New Yorker*, November 16, 1957, p. 125.

6. *since 1848:* See *The Gold Rush*, a PBS documentary presented by American Experience, 2006 (www.pbs.org/wgbh/amex/goldrush).

7. *63,000 Chinese in America*: See Library of Congress, "California as I Saw It": First-Person Narratives of California's Early Years, 1849–1900, American Memory Collection (http://memory.loc.gov); and Ronald Takaki, *Strangers from a Different Shore: A History of Asian Americans* (Boston: Little, Brown, 1989), p. 79.

8. *"unassimilated foreign community"*: See Choy, "The Architecture of San Francisco Chinatown."

9. By 1854, *California laws had been put in place*: "In the (1854) case People v. Hall, the California Supreme Court reversed the convictions of George Hall and two other white men who had murdered a Chinese man. Hall and his companions had been convicted based on testimony of some Chinese witnesses. In its reversal the court extended the California law that African Americans and Native Americans could not testify in court in order to include the Chinese. The reversal made it impossible to prosecute violence against Chinese immigrants." From "People & Events: Chinese Immigrants and the Gold Rush," supplementary material to *The Gold Rush* (www.pbs.org/wgbh/amex/goldrush).

10. *In 1882, the Chinese Exclusion Act was passed*: See Wei Li, "Chinese Americans: Community Formation in Time and Space," in *Contemporary Ethnic Geographies in America*, ed. Ines M. Miyares and Christopher A. Airriess (Lanham: Rowman & Littlefield, 2006), pp. 216–17; and the 2003 PBS documentary *Becoming American: The Chinese Experience* (www.pbs.org/becomingamerican).

11. *On May 26, 1910*: San Francisco campaigned for (and won) the right to hold the 1915 Panama-Pacific International Exposition with this ad, "Further Reasons Why the Panama-Pacific International Exposition,

1915, Should Be Held in the City by the Golden Gate," *The Washington Post*, May 26, 1910, p. 16.

12. *Marlon Hom, has called the stylizing of Chinatown*: See Vanessa Hua, "The Great Quake: 1906–2006, Out of chaos came new Chinese America," *San Francisco Chronicle*, April 13, 2006.

13. *Felicia Lowe dramatized the human fact of the ghetto*: Felicia Lowe, from the 1997 documentary film, *Chinatown* (www.pbs.org/kqed/chinatown).

## 第 2 章　街头小子 年轻人的唐人街革命

1. *the newly rebuilt I-Hotel*: For a discussion of the importance of the I-Hotel to the city's Chinese and Filipino community, see Kantele Franko, "I-Hotel, 30 years later," *The San Francisco Chronicle*, August 4, 2007; and Estella Habal, *San Francisco's International Hotel: Mobilizing the Filipino American Community in the AntiEviction Movement* (Philadelphia: Temple University Press, 2008).

2. *The average SRO costs $350 to $600 per month*: From interviews with Rosa Wong-Chie and Norman Fong; facts and figures from the Chinatown Community Development Center (www.chinatowncdc.org) and the Marguerite Casey Foundation (www.caseygrants.org).

## 第 3 章 拖家带口 家族式移民没那么简单

1. *Of the working-age Chinese residents in San Francisco . . . thousand dollars a year*: Cited in Susie Smith, Tim Lohrentz, and Tse Ming Tam, "Building Bridges to Help Chinese Families Reach Economic Self-Sufficiency," an economic report prepared by the National Economic Development and Law Center for the Chinatown Families Self-Sufficiency Coalition, San Francisco, November 21, 2005.

2. *the 1965 Immigration Act*: See Li, "Chinese Americans: Community Formation in Time and Space," pp. 217–18.

3. *The year 1965 was a benchmark*: See Helen Zia, "The New Immigration Wave," *Asian American Dreams: The Emergence of an American People* (New York: Farrar, Straus, and Giroux, 2000), pp. 50–52.

4. *That gap is only beginning to be examined:* Sabina Chen has since left her post at the Chinese Culture Center.

## 第 4 章 城中城 唐人街工业改变了纽约

1. *The Biggest*: The New York metropolitan area is now home to over half a million Chinese—the largest Chinese population in the United States. The densest concentration is still in Manhattan's Chinatown:

four census tracts within the neighborhood have the highest density of Asians in New York City. Despite population shifts, Chinatown is bigger today than it ever was, home to 80,000 residents—55 percent of all Lower Manhattan residents. See Chinatown Census Information, fall 2004, and America's Chinatown: A Community Plan, April 2004 (www.rebuildchinatown.org): also Census Profile: New York City's Chinese American Population, and Neighborhood Profile: Manhattan's Chinatown, two reports issued by the Asian American Federation of New York Census Information Center, 2004 (www.aafny.org). By contrast, San Francisco's Chinatown has an estimated 15,000 residents, though the numbers are likely much higher. See San Francisco Planning Department's "Chinatown Area Plan" (www.sfgov.org/site/plannning); and Steven Knipp, "U.S. Top Six Chinatowns," *South China Morning Post,* September 13, 2004.

2. *By 1920, 40 percent of all the Chinese in America*: See Takaki, *Strangers From a Different Shore*, p. 245.

3. *For generations, New York made more clothes:* See Daniel Soyer, ed., *A Coat of Many Colors: Immigration, Globalization, and Reform in New York City's Garment Industry* (New York: Fordham University Press, 2005), p. 3.

4. *Manhattan persists as America's fashion capital:* See New York State Department of Labor, 2006, Q2. In the *New York Industrial Retention Network 2007 Manufacturer's Almanac*, p. 13.

5.*no jobs for the mostly rural population of Chinese refugees:* See "Out of Luck," *Time*, January 4, 1960.

6. *Between the end of the sixties:* See Kwong, *Chinese America*, p. 319; also Xiaolan Bao, "The Geographical Movement of Chinese Garment Shops: A Late-Twentieth-Century Tale of the New York Garment Industry," *A Coat of Many Colors: Immigration, Glo balization, and Reform in New York City's Garment Industry*, ed. Daniel Soyer (New York: Fordham University Press, 2005), p. 70.

7. *contributing significantly to the city's economy:* See Bao, "The Geographical Movement of Chinese Garment Shops," 70.

8. *the garment and restaurant trades*: From interviews with Wing Lam; also Bao, "The Geographical Movement of Chinese Garment Shops," 71.

9. *where tip-stealing by restaurant owners:* From interviews with Wing Lam and Jei Fong; also Mary Reinholz, "Chinatown restaurant is served with $700,000 fine for biting tab," *Downtown Express*, February 9–15, 2007.

10. *20,000 Chinatown garment workers*: From interviews with Wing Lam; also Bao, "The Geographical Movement of Chinese Garment Shops," p. 21.

11. *In 1994, a tramp steamer named* Golden Venture: See Nina Bernstein, "Making It Ashore, but Still Chasing U.S. Dream," *New York Times*, April 9, 2008.

12. *Jiang was among five workers*: See Zeng Liu v. Jen Chu Fashion Corp., 2004 U.S. Dist. Lexis 35 (S.D.N.Y. January 7, 2004).

13. *Donna Karan International settled*: See Suzanne Kapner, "Karan Pays $500K+ in Sweatshop Settlement," *New York Post,* September 9, 2003.

14. *Jiang's employer*: From interviews with Feng Ying Jiang; also Zeng Liu v. Jen Chu Fashion Corp., 2004.

15. *In the four years after September 11*: "Before the attacks, there were 246 garment factories in the neighborhood, employing 14,000 workers. Last summer, the [Asian American F]ederation counted only 102 garment factories…" From Brian Kates, "Chinatown Gets Left in the Dust," *New York Daily News*, January 8, 2006.

16. *The New York metropolitan area is now home:* See Census Profile: New York City's Chinese American Population; and

Neighborhood Profile: Manhattan's Chinatown. Reports issued by the Asian American Federation of New York Census Information Center, 2004 (www.aafny.org).

17.“*the hardest-working neighborhood*”: See introduction to the Chinatown Film Project (www.wjtalk.com/moca)

18. *the vast majority of Chinese residents are still poor*: “Census data for Community Board 3, which covers the bulk of Chinatown and the increasingly affluent Lower East Side, shows that the percentage of Chinese residents defined by the federal government as poor or near poor rose to 69 from 64 between 2000 and 2006 . . . ,” From Saki Knafo, “Dreams and Desperation on Forsyth Street,” *New York Times*, June 8, 2008.

## 第 5 章  新的中文学校 学着去读、去写，去传承

1. *Chinese schools in various U.S. cities*: See “To Open Chinese Schools: China Would Prevent Her Children from Forgetting Parent Language,” *New York Times,* October 24, 1908.

2. *generations of Chinese American kids*: For a superb discussion of Chinese schools in the United States in the twentieth century, see Him Mark Lai, “Chinese Schools in America before World War II,” and

"Chinese Schools in America after World War II," *Becoming Chinese American: A History of Communities and Institutions*(Walnut Creek: AltaMira Press, 2004).

3. *within a decade, China is expected to surpass*: See National Geographic Geopedia: China, "China by the Numbers" (ngm. nationalgeographic.com/geopedia/China).

4. a *tumultuous period in Shuang Wen's history*: From interviews with John Tan; Yori Yanover, "Three Schools in Two Buildings," *Grand Street News*, October 2006; and Susan Saulny, "Elementary School Parents Feel Squeezed and Ignored," *New York Times,* November 4, 2005.

## 第 6 章 幸运饼干 小饼干的发展讲述着社区的变迁

1. *In 2008, the fortune cookie turned ninety*: See Reyhan Harmanci, "'Killing of a Chinese Cookie': Finding Fortune," *San Francisco Chronicle*, March 20, 2008; and Vincent Cheng, "A Four-Legged Duck?" Chinese Restaurant Culture in the U.S. from a Cross-Cultural/ Inter-Cultural Communication Perspective," *China Media Research*, April 2007, vol. 3, no. 2, p. 99.

2. *the fortune cookie in Japan: See Jennifer* 8. Lee, "Solving a Riddle

Wrapped in a Mystery Inside a Cookie," *New York Times,* March 18, 2008.

3. *In 1983, Wonton Food bought a small mom-and-pop*: From interviews with Derrick Wong and Eric Ng.

4. *Approximately forty other fortune cookie factories*: See Jeremy Olshan, "Cookie Master," *New Yorker,* June 6, 2005, p. 34.

5. *Chinatown is still larger now*: See "America's Chinatown: A Community Plan," a report issued by Asian Americans for Equality, April 2004, p. 8 (www.rebuildchinatown.org).

## 第7章 唐人街地标 好莱坞和唐人街的长期合作

1. *Charlie Chaplin filmed here, as did Buster Keaton*: Charlie Chaplin filmed scenes for *The Kid and Caught in a Cabaret* in Chinatown, while Buster Keaton used the neighborhood in his famous short film, *Cops*; see John Bengtson's *Silent Traces: Discovering Early Hollywood Through the Films of Charlie Chaplin* (Santa Monica: Santa Monica Press, 2006) and *Silent Echoes: Discovering Early Hollywood Through the Films of Buster Keaton* (Santa Monica: Santa Monica Press, 2000).

2. *Hollywood crowd*: Actress Dorothy Tree was a guest of Tom Gubbins "at one of those famous Chinese dinners in the Chinatown

quarter … " See Read Kendall, "Around and About in Hollywood," *Los Angeles Times*, January 21, 1935.

3. *CHINATOWNLAND … its own Los Angeles landmark*: See Andre Yi and Annie Shaw's official Chinatownland site (www.chinatownland. net).

4. *"Una Merkel took a group of friends to Chinatown"*: See Read Kendall, "Odd and Interesting Hollywood Gossip," *Los Angeles Times*, October 14, 1935.

5. *a displaced population:* Exact numbers are unknown, but the Chinese Historical Society of Southern California estimates the displaced community at about 3,000.

6. *force behind New Chinatown*: From the Chinese American Museum's permanent exhibit on New Chinatown, Los Angeles.

7. *Its developers were careful to address locals' concerns*: From interviews with Pauline Wong; also Lisa See, *On Gold Mountain: The One-Hundred-Year Odyssey of My Chinese-American Family* (New York: Vintage Books, 1995), p. 214.

8. *a full-page ad in the* Los Angeles Examiner: From the Chinese American Museum archives.

9. *China City:* Christine Sterling was also responsible for the creation

of Olvera Street, an "Old Mexico"–themed tourist attraction that was intended to save the historic Plaza district, the city's birthplace. A discussion of image and historic communities can be found in William D. Estrada's "Los Angeles' Old Plaza and Olvera Street: Imagined and Contested Space," in *Western Folklore*, vol. 58, no. 2, *Built L.A.: Folklore and Place in Los Angeles* (Winter, 1999), pp. 107–29. See also the Chinese American Museum's excellent permanent exhibit on Old Chinatown, China City, and New Chinatown.

10. *people like Tom Gubbins*: See filmography for Tom Gubbins, courtesy of Turner Classic Movies (www.tcm.com).

11. *Born in China to an English family*: See Kevin Brownlow, *Behind the Mask of Innocence* (New York: Knopf, 1990), p. 332; and Bruce Henstell, *Sunshine and Wealth: Los Angeles in the Twenties and Thirties* (San Francisco: Chronicle Books 1984), p. 91.

12. *War pictures featuring Asian faces*: See Barbara Miller, "Oriental Film Actors In Demand," *Los Angeles Times*, September 26, 1937; also interviews with Esther Lee Johnson.

13. *The distinction between the original Chinese American settlements*: Wei Li, an Asian Pacific American studies professor at Arizona State University, coined the phrase "ethnoburb." For more

discussion of ethnoburbs vs. Chinatowns, see Li's "Ethnoburb versus Chinatown: Two Types of Urban Ethnic Communities in Los Angeles," *Cybergeo*, Colloque "les problèmes culturels des grandes villes," December 8–11, 1997, article 70, modified May 15, 2007 (www. cybergeo.eu/index1018.html).

14. *Anna May Wong*: See Leslie Camhi, "A Dragon Lady and a Quiet Cultural Warrior," *New York Times*, January 11, 2004.

15. *Her parents' friends*: See Harry Carr's interview with Anna May Wong, "I am Growing More Chinese—Each Passing Year!" *Los Angeles Times*, September 9, 1934.

16. *Anna May was allowed one kiss*: See Camhi, "A Dragon Lady and a Quiet Cultural Warrior."

17. *Her tribulations served as the inspiration*: See "No One Ever Tried to Kiss Anna May Wong," by John Yau, in *Radiant Silhouette:New & Selected Work, 1974–1988* (Santa Rosa: Black Sparrow Press, 1989).

18. *embodying an "'authentic' Chineseness"*: See Shirley Jennifer Lim, *A Feeling of Belonging: Asian American Women's Public Culture, 1930–1960* (New York: New York University Press, 2007), p. 72.

19. *by 1940, more Chinese in the United States were American-born*:See Kwong, *Chinese America*, p. 171.

20. *Anna May's obituary:* See Richard Corliss, "Anna May Wong Did It Right," January 29, 2005.

21. *"Roaring Through China Today":* See a version of the *Peking Express* movie poster (http://themave.com/Cotton/posters/peking.htm).

22. *Steven Spielberg's 1987 film*: See Andrew L. Yarrow, "Boy in 'Empire' Calls Acting 'Really Good Fun,'" *New York Times*, December 16, 1987.

## 第8章　唐人街老家 分崩离析的社区里，孩子们在此相会

1. *Old Chinatown's Garnier Building . . . City Hall*: See the Chinese American Museum's discussion of the historic building's significance (www.camla.org).

2. *knowing the past led to useful realizations*: For an excellent historical briefing of the Chinese in Los Angeles, see the Chinese American Museum's timeline (www.camla.org).

## 第9章　传道授业 初来乍到者的定心丸

1. *"new Chinese immigrants still favor the three main cities"*: See Kwong, *Chinese America*, p. 341.

2. *Out of the 760 kids*: Statistics from Cheuk Choi and Castelar

Elementary School.

## 第 10 章　大杂院式唐人街 在这里，"鱼龙混杂"是永恒的叙事

1. *first visited by the Chinese in 1789*: See Arlene Lum, ed., *Sailing for the Sun: The Chinese in Hawaii, 1789–1989* (Honolulu: University of Hawaii Press, 1990), p. 10–11; also James Ho, *Untold Fragments of Hawaii's History, Volume I* (Honolulu: Hawaiian Chinese Multicultural Museum & Archives, 2003)

2. *More than half of Honolulu's population is Asian*: From the U.S. Census Bureau: State and County QuickFacts. Data derived from Population Estimates, 2000 Census of Population and Housing, 1990 Census of Population and Housing, Small Area Income and Poverty Estimates, County Business Patterns, 1997 Economic Census, Minority- and Women-Owned Business, Building Permits, Consolidated Federal Funds Report, Census of Governments.

3. Li hing mui, *the preserved, salted plums*: See Rachel Laudan, *The Food of Paradise: Exploring Hawaii's Culinary Heritage* (Honolulu: University of Hawaii Press, 1996), p. 81.

4. *more Changs than Smiths, more Lums than Joneses*: See Honolulu Phone Book, White Pages, 2007–2008 (11 columns of Changs vs. 8

columns of Smiths, 8.5 columns of Lums vs. 3 columns of Joneses).

5. *sugarcane industry in Hawaii*: See Hawaii's Labor History Timeline, Center for Labor Education and Research, University of Hawaii, West Oahu, (http://clear.uhwo.hawaii.edu/Timeline.html#1870).

6. *birthplace of Sun Yat-sen*: See "About Iolani" and "Dr. Sun Yatsen" on the Iolani School site (www.iolani.org).

7. *Since 1997, Zhongshan has been designated*: See Resolution 97–179, Re: Sister City Relationship, Zhongshan City, Guangdong Province (www.honolulu.gov/refs/bill/status/1997/r179.htm).

8. *acted as a Chinese ghetto*: See Sen-dou Chang, "Community As Catalyst: The Chinese in Honolulu," *The Chinese Diaspora: Space, Place, Mobility, and Identity,* ed. Laurence J. C. Ma and Carolyn L. Cartier (Lanham, MD: Rowman & Littlefield, 2003), p. 302.

9. *presented by "a higher power"*: See Helen Geracimos Chapin, Shaping History: *The Role of Newspapers in Hawai'i* (Honolulu: University of Hawaii Press, 1996), pp. 107–8.

10. *the 1900 fire James C. Mohr, Plague and Fire: Battling Black Death and the 1900 Burning of Honolulu's Chinatown* (New York: Oxford University Press, 2005).

11. *In 1973, the federal government listed Chinatown*: See Chinatown

Historic District, #73000658 (www.nationalregisterofhistoricplaces. com/hi/Honolulu/districts.html).

12. *city's mayor goes so far as to call:* See City of Honolulu Public Communications, "The City and County's Month in Chinatown Will Celebrate Chinese New Year," January 11, 2008 (www.co.honolulu. hi.us/csd/publiccom/honnews08/chinatownnewyear.htm).

## 第11章 邻里之交 本地男孩偶然成了大厨

1. *Iolani School*: See "Dr. Sun Yat-sen" (www.iolani.org).

2. *Dr. Sun Yat-sen Memorial Park*: See "City to Dedicate Statue and Rename Park to Honor Dr. Sun Yat-sen," Release No. M-122-07, November 7, 2007, City and County of Honolulu Public Communications Division.

## 第12章 历史的一课 唐人街失意的一代怎么保存过去、塑造未来

1. *Chinatown's architecture*: See Chinatown Summit remarks (www. co.honolulu.hi.us/mayor/chinatownsummit_mr.htm).

2. *The last U.S. Census*: According to Census 2000, American FactFinder, Median Household Income in 1999 for Honolulu County, Hawaii was $51,914; Median Household Income in 1999 for Census

Tract 52 (Chinatown), Honolulu County, Hawaii, was $19,606. Also in the Census Tract 52 that encompasses Chinatown, the 2000 Census had the total population as just over three thousand (3,056). The neighborhood is overwhelming Asian (about 70 percent of the residents are Asian [69 percent Asian alone]).

3. *The city has received several hundred thousand dollars*: See Nina Wu, "Chinatown: Getting beyond First Friday," *Honolulu StarBulletin*, October 21, 2007.

4. "*progress has been like molasses*": See Wu, "Chinatown: Getting beyond First Friday."

## 第13章 下一出口，中国城 一个男人开创了新派唐人街

1. *In 1880, they made up at least*: See Sue Fawn Chung, "The Chinese," *The Peoples of Las Vegas: One City, Many Faces*, ed. Jerry L. Simich and Thomas C. Wright (Reno/Las Vegas: University of Nevada Press, 2005), p. 99.

2. "*You don't want to be late*": See Barry Newman, "For Asians in U.S., Mini-Chinatowns Sprout in Suburbia," *Wall Street Journal*, April 28, 2004.

3. *add-on pagoda roofs:* See Hubble Smith, "Shopping center

renovation nearly done," *Las Vegas Review-Journal*, April 4, 2003.

4. *the two-week Chinese New Year holiday*: Steve Freiss, "Las Vegas Adapts to Reap Chinese New Year Bounty," *New York Times,* February 21, 2007.

5. *a gaming tavern called Little Macau*: See Howard Stutz, "Up in smoke: Local tavern business suffers under weight of smoking ban, weak economy," *Las Vegas Business Press,* November 29, 2007.

6. *"Chinatown is a signature"*: See Babita Persaud, "Chinatown on the rise: It may not look traditional, but a 50-store plaza in Pine Hills aims to be the community's core," *Orlando Sentinel*, July 13, 2007.

## 第 14 章　全美唐人街小姐　沙漠中的选美皇后与舞狮人

1. *The first Chinatown Queen on record*: See Judy Yung, *Unbound Feet: A Social History of Chinese Women in San Francisco* (Berkeley: University of California Press, 1995), p. 148.

2. M*iss America pageant:* "1921, September 7: The first Miss America Pageant, called the 'Inter-City Beauty Pageant,' takes place in Atlantic City as a part of a Fall Frolic to attract tourists. There are seven contestants. Sixteen-year-old Margaret Gorman from Washington, D.C., wins the title, Miss America." From "Timeline: Miss America," part of

the 2002 PBS documentary film *Miss America* (www.pbs.org/wgbh/amex/missamerica/timeline/timeline2.html).

3. "*With her beauty, brains, poise and talent*": From the transcript of Miss America (www.pbs.org/wgbh/amex/missamerica/filmmore/pt.html).

4. *The San Francisco Chinese Chamber of Commerce*: See J. K. Hom, "50 Years With Miss Chinatown USA," AsianWeek, March 2, 2007.

5. *In 1958, the San Francisco pageant*: From "Miss Chinatown USA: An exhibit on the history and culture of the pageant," press release from the Chinese Historical Society of America, February 21, 2007.

6. "*had an ideal image of Miss Chinatown*": See Judy Tzu-Chun Wu, "'Loveliest daughter of our ancient Cathay!': representations of ethnic and gender identity in the Miss Chinatown U.S.A. beauty pageant," *Journal of Social History*, Fall 1997.

7. *a certain added cachet:* See Hom, "50 Years With Miss Chinatown USA."

8. *In Kathy Huang's poignant documentary:* See *Miss Chinatown, U.S.A.*, 2006 (www.kathyhuangfilms.com).

9. *A few years ago, the Chinese government:* See K. Oanh Ha, "China collects the relics of diaspora's lives; Museum to Highlight Roles in

U.S.," *San Jose Mercury News,* July 15, 2006.

## 第 15 章　新租户 赌城大道上的新一代移民

1. *There are about seven dealer schools*: From interviews with David Wu and Chaco Yang; also the Las Vegas Yellow Pages, 2008.

2. *In the state of Nevada*: See Chung, "The Chinese;" also Haya El Nasser, "In a twist, USA's Asians are heading to the Mountain West," *USA Today*, July 6, 2008.

3. *In the last ten years*: See *National Geographic Geopedia*: China, "China's Middle Class" (ngm.nationalgeographic.com/geopedia/China).

4. *the number of millionaires*: See Country Profile: China, August 2006, Library of Congress, Federal Research Division.

5. *an estimated 130 million rural migrant workers:* See Leslie T. Chang, *Factory Girls: From Village to City in a Changing China* (New York: Random House, 2009), p. 12.

## 后 记

1. *1897 short story "The Third Circle"*: See Frank Norris, *The Third Circle* (New York: John Lane Company, 1909).